「鉄板エピソード」で相手の心をつかむ

自分史を活用してデキる男になれ！

遠藤裕行 著

セルバ出版

はじめに　平凡な人生だと思っているのは本人だけ

「俺の人生なんて、平凡でありふれている」

もし、こんなふうに考えている人がいたら、それは実にもったいないことです。高額な預金の通帳をタンスに入れたまま、その存在を忘れているようなものです。

自分の人生は、自分しか経験していないことの積重ね。その貴重な経験は、今の仕事にもプライベートにも、そしてこれからの人生にも活用できます。

私は、自分史のアドバイザーという立場で、セミナーや個別相談を通じて自分史制作のお手伝いをしています。そんな中、常々もったいないと感じていることがあります。皆、興味深い経験を持っているのに、自分自身がそれを「たいした経験じゃない」と、記憶の奥にしまったままにしていることです。

「過去の実体験は、その人の現在にも将来にも、もっと活用できるはず」―そう考えたのが本書を書いたきっかけです。

努力した、嬉しかった、辛酸を舐めた、今だから笑える、感動した等、様々なシーンを思い出してみてください。誰もが必ず独自の経験を持っています。そしてそれは、まぎれもない自分だけの物語です。

本書のタイトルにある『鉄板エピソード』は造語です。鉄板という表現は、「確実に」あるいは「固い」を意味しています。つまり『鉄板エピソード』とは、人に話したときに興味を引けたり、あなたの言葉をしっかり裏づけるような、そんなエピソードを表現した言葉です。

人の一生は、実体験の宝庫です。本書で、多くの人が頭の中にストックしている経験を、仕事やプライベートで活かすための「ツール」にする方法を紹介しています。

そのツールを使って、相手をクスッと笑わせるもよし、アドバイスをするもよし、さり気なく自己アピールするもよし。聞き手にとって、あなたの存在は、グッと大きくなります。

あなたは、実体験という味方をつけ、言動一つひとつが自信を帯びます。その結果、人間としても、男としても、今より一段上のステップへ登ります。

平成27年1月

遠藤　裕行

「鉄板エピソード」で相手の心をつかむ―自分史を活用してデキる男になれ！　目次

はじめに

第1章　人は誰でも自分だけの経験を持っている

1　あなたの経験は自分だけのオリジナル・10
2　あなたの経験は実はスゴイ・24
3　エピソードを仕事に活かす・31
4　エピソードをプライベートに活かす・35
5　エピソードを今と将来の自分に活かす・37

6 相手の心を一瞬でつかむ「鉄板エピソード」・39

第2章 自分の言葉を経験で裏づける《仕事で活用する》

1 リーダーシップとコミュニケーション・42
2 つまらない話と、聞きたくなる話の違いはここ・45
3 経験を使ってノウハウを伝える・48
4 自分の実体験を部下の指導に使う・56

第3章 お酒の席でさり気なく語りたい、オトナの男の経験《プライベートで活用する》

1 自分を知ってもらい、相手のことも知ってあげる・64
2 聞き上手は、話させ上手・71

3　決め手は上手に演出された自分の物語・80
4　自分という人間をブランドに・85

第4章　はずさない・すべらない「鉄板エピソード」をつくる三つのステップ

1　Ｓｔｅｐ１：気軽に素材集め・92
2　Ｓｔｅｐ２：出来事を物語にする・108
3　Ｓｔｅｐ３：物語を「鉄板エピソード」として加工する・131

第5章　一流の仕事をするために《自分の今と将来に活用する》

1　楽しんで仕事ができているか・142
2　過去の中に自分を見つける・147

3　個人的な人生の目的と仕事の目的の一致・151

あとがき

参考文献

第1章

人は誰でも自分だけの経験を持っている

1　あなたの経験は自分だけのオリジナル

背景を知れば言葉は10倍重くなる

何年か前のことです。私が何気なく見ていたテレビのドキュメンタリー番組で、プロ野球の工藤公康投手（現ソフトバンクホークス監督）を特集していました。工藤投手といえば、一流が集まるプロの世界で30年近い長期にわたって活躍を続けた投手です。

番組では、独特のトレーニング方法や栄養管理、日々の節制など、何十年も現役を続けるための、絶え間ない努力が紹介されていました。私は、「ここまでやるのか」と驚いたものです。

やがて場面は、練習風景となります。ある若手投手が工藤投手に近寄って何か質問しました。正確な内容は覚えていませんが、何かの技術を身につけたいがそれができない、どうしたらできるようになるか、という感じの質問だったと思います。困っている若手に対して、その技術を持っているベテランがヒントを与えてあげるという、特にめずらしくもないシーンだと思った私は、さして気にも留めませんでした。「ヒジをこう使え」とか、「手首はこうだ」などといった答えを想像していたからです。

しかし、工藤投手の答えは、私の想像とは全く違いました。これがそのときの言葉です。

「できるまでやればいいじゃん。１００回でも２００回でも」

この言葉は、今でも記憶に残っています。てっきり技術的な助言をしてあげるものと思っていた私は、さらりと言った工藤投手から目が離せなくなりました。

「できるまでやれ」という、その言葉自体を聞くのは、もちろん初めてではありません。身近な誰かに言われたこともあるし、テレビドラマか何かで聞いた気もします。しかし、心の奥まで届いて来たのは、このときが初めてでした。

理由は明確です。その番組の中で何度となく紹介されたように、この言葉を発した人の背景がこの言葉を裏づけていたからです。彼自身が、プロの世界で生きていくために必要な技能を「できるまで１００回も２００回も」反復して習得してきたのです。経験に裏づけされている言葉とは、これだけ重いということです。

これは、プロのスポーツ選手のような一部の人の言葉に限ったことではありません。話の舞台を一般的な会社に移してみます。

たとえば、会社で、あなたのところに若手社員が相談に来たとします。彼は、普段がんばっているのですが、成果が出ずに悩んでいます。さて、どんな話をしてあげますか。

「努力に勝る天才なし。がんばっていればいつか報われる。くさらずにがんばれ」と、いきなりこんな格言のような言葉を並べたらどうでしょう。確かに、間違ったことは言っていませんが、この言葉でこの若者は何かを得るでしょうか。心に響くでしょうか。おそらくどちらもノーです。あなたが尊敬されることもありません。なぜなら、どこにもあなたの存在がないからです。これらの言葉が、どこか借り物のように軽く感じます。

では、こんな話だったらどうでしょう？

「俺も若い頃は結果を出せなかった。辛酸もなめてきた。でもこういう知識を身につけて、こんなふうに行動した。そしたら結果につながった。だからお前も明日からこうしてみたらどうだ」。そして最後に、先ほどの言葉「努力は必ず報われる」と付け加えてみます。

今度はどうですか？　聞いている若者は、まず「この人も同じだったんだ」と共感することができます。この共感というのはとても大事な要素で、聞き手が相手の話を「素直に聞ける状態」にする力を持っています。「この人は、自分と同じ状態から、何らかの方法で抜け出したのだ」と、これから聞く話に期待させることができます。

聞く準備ができた若者は、次に「具体的にどうやったのだろう？　もう少し詳しく聞きたい」と関心を持ち、心を開きます。ここから良好なコミュニケーションが始まり、その結果、彼があなたから受ける言葉はしっかりと心に残ります。自分と同じ悩みを持ち、それを解決した当の本人から受けたアドバイスだからです。あなたが、現実に起こったこと、実際に体験したことを語っているからです。

逆に、話すほうからしてみれば、実体験ほど自信が持てるものはありません。どんな書物や著名人の言葉より確実です。何せ、自分自身で実証してきたことですから。そして、それを語るあなたの言葉は重く、確信に満ち、聞く人の心をしっかりつかみます。

あなたの過去は実体験の宝庫

本書のタイトルの「鉄板エピソード」は、造語です。鉄板という表現は、「確実に」あるいは「固い」を意味しています。たとえば、テレビのお笑い番組などで、確実にウケをとれるようなネタを「鉄板ネタ」と呼んでいます。あるいは、競馬や競艇などのギャンブルをやる人が、本命ガチガチのレースを「鉄板レース」などと呼んだりします。つまり『鉄板エピソード』とは、人に話したときに興味を引いたり、あなたの言葉をしっかり裏づけるような、そんなエピソードを表現した言葉です。

私は、自分史のアドバイザーという仕事を通して、いろいろな人から経験談を聞いていくうちに、「もったいないな」と思うようになりました。それは、多くの人が自分の経験を平凡なものと考えて、他人に語ることが少ないからです。偶然、何かの機会で他人に話

【図表１　あなただけの「鉄板エピソード」】

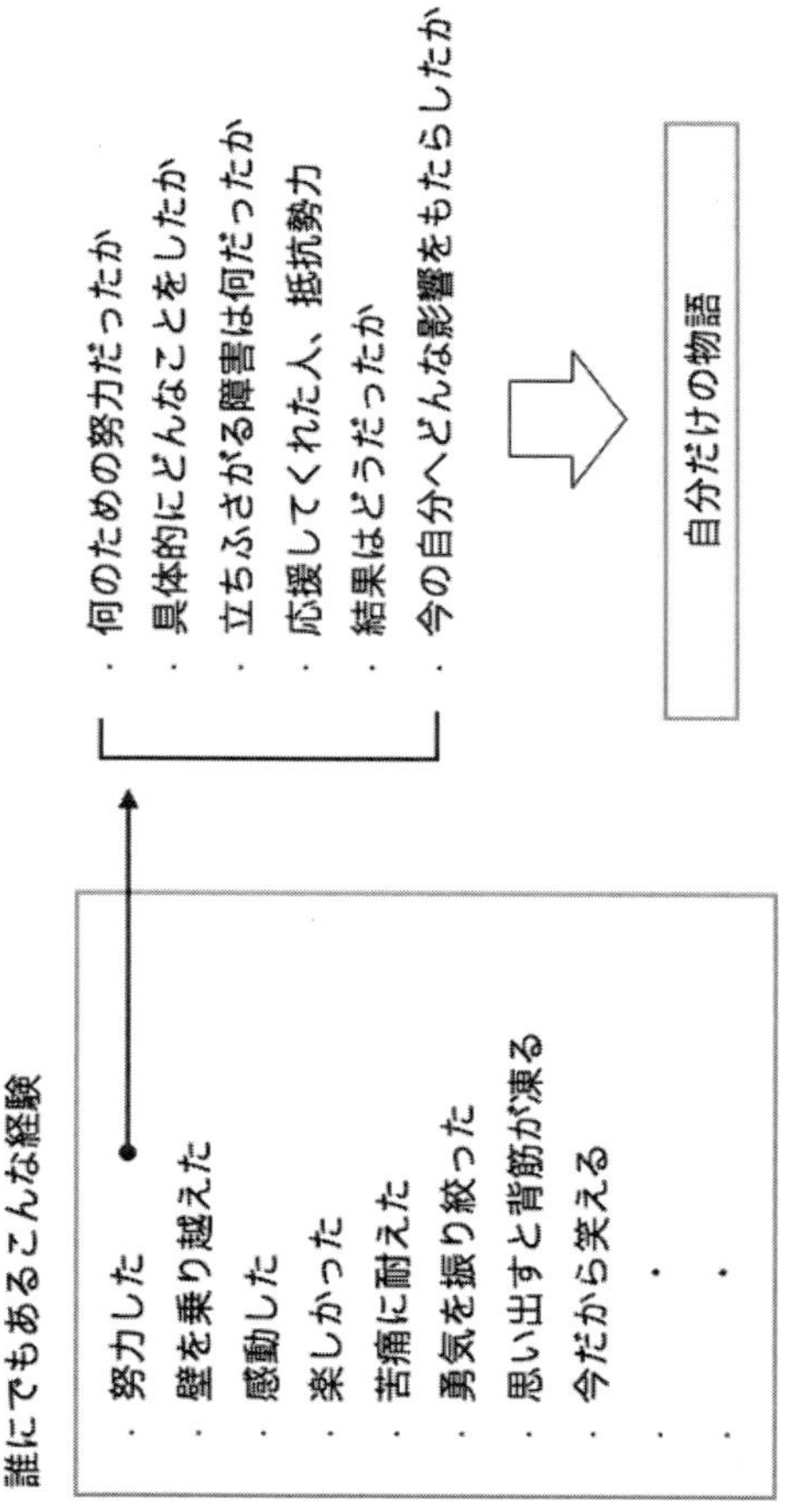

してみて、その反応を聞いて、初めて自分の経験が貴重と知ります。皆さんのそんな興味深いエピソードが、このまま埋もれてしまうことを、「惜しい」と考えるようになりました。

「努力して壁を乗り越えた」「勇気を振り絞った」「苦痛や屈辱に耐えた」「思い出すと背筋が凍る」「怖いもの知らずのバカだった」「今だから笑える」「震えるほど感動した」等々、思い出してみてください。誰もが、必ず貴重な経験を持っています。

そこには、あなただけの物語があります。たとえば、「壁を乗り越えた経験」であれば、誰もが何か持っていることです。しかし、人それぞれの「壁」は異なるし、努力の仕方も違う。かかわった周囲の人も違いますから、そこに生まれる物語も当然違います。それが他人には真似のできない物語となり、それをさらに様々な場面で上手に使えるよう工夫する、それがあなたの「鉄板エピソード」です。

どこにでもあるような平凡な人生だと思っていませんか

多くの人が、「自分の人生はありふれた平凡なものだ」と感じているようです。私は、仕事柄、そのことは十分に理解しています。確かに、世間の大多数が「普通」と呼ばれる人たちです。学校を卒業して、就職して、結婚して、休日は趣味や家族サービスで過ごす。そんな普通の人たちが、「自分の人生なんて平凡でありふれている」というのもわかります。

むしろそう考えて当然なのかもしれません。

しかし、本当に大多数の人生は、平凡でありふれているのでしょうか？

誰かの人生とは、過去いろいろな場面での出来事（エピソード）が積み重なってつくられています。その出来事を振り返ってみると、必ずそれに至るまでの経緯があり、かかわる登場人物がいて、自分なりの考えや「思い」のようなものがあります。それらが、すべて自分と同じという「誰か」が、他にいるでしょうか？　表面上、起きる出来事は似ていても、人それぞれが違う性格や価値観や能力を持っていて、住んでいる地域性や時代背景も友人も違います。出来事の原因・過程・結果まで他の誰かと全部同じということは、まずあり得ません。

誰もが、過去のあらゆる場面で、一生懸命考えて、行き詰まって、苦しみながらも何らかの答えを出してきて、今があるわけです。人によっては、それこそ命懸けだったこともあるかもしれません。それを適当に振り返って「平凡だった」で片づけてしまっては、もったいないし、何より過去の自分が気の毒です。

有名な物理学者、アルベルト・アインシュタインもこう言っています。

『普通といわれる人生を送る人間なんて、一人としていやしない。いたらお目にかかりたいものだ』と。

「周りと同じ出来事」の中で生まれる「自分だけのエピソード」

もっとも、「今までの人生で何かおもしろいエピソードある？」と言われて、すぐに「こんな話があるんだ」と話し始められる人は少ないでしょう。子供の頃から今まで、自分ではおもしろいと思うエピソードがたくさんあっても、いざ人に話そうとすると、ありきたりな話に思えてきます。

そこで、こんな質問をしてみます。「２０１１年３月、あの震災のとき、あなたはどこで何をしていましたか？」

ちなみに私は、11日の当日は、たまたま有給休暇をとっていて東京・新宿のスポーツ用品店にいました。スキューバダイビングの機材を眺めながら、「次はいつ潜りに行こうか」などと考えているとときに、フロアが大きく揺れ出しました。

地震だということはすぐにわかったので、即座に固定された棚につかまりました。しばらくの辛抱だと思ったのですが、揺れはいっこうにおさまる気配がありません。それどころか、どんどん揺れが大きくなります。周りからは、悲鳴のような声も聞こえてきました。商品の陳列棚からは、ダイバーウォッチや水中マスクなどの小物が飛んできます。棚には、水中で使うナイフも陳列してあったので、今考えるとぞっとします。

やがて立っていられなくなりました。膝をついたときに、店内のツルツルの床を勢いよく転がってくるエアタンク（水中で吸う空気を入れるスチール製のタンク）が目の前に迫っていました。それはあっというまに私の脇をかすめ、ゴツという重い音をさせて壁に激突しました。

しばらくして揺れが止み、他の人たちの後に続いてビルの外に出ると、地面には割れた窓ガラスや、ビルから剥がれ落ちた壁の一部が散乱。ふと周りを見ると、腰にタオルを巻いただけの半裸のおじさんたちが何人もウロウロしていました。そこは、新宿歌舞伎町、サウナなども多くある場所です。そのときは、まだこの地震がこれほど深刻な大災害だとは知らず、その姿の人たちを見て笑う余裕がありました。

いかがでしょうか。ここまで読んだだけで、「俺はもっとひどい目に遭った」というような、自分の体験談が浮かんできたのではないでしょうか。私の周りにも、「歯医者で治療中だった」とか、「夜勤明けの寝起きでシャワーを浴びていた」、夜になっても電車が動かないので「運動靴を買って家まで10時間以上歩いた」という人たちもいます。「当日はどこか他人事だったけれど、翌日に食品が消えたスーパーを見た瞬間、急に恐怖が襲ってきた」という人もいます。

実際、あのときは、一人ひとりが過去にない体験をしたと思います。もちろん、東北地方にお住まいの方は言うまでもありません。震災後、私は、仕事で気仙沼市や南三陸地域を訪れる機会が何度もありました。

ご家族がまだ行方不明という方にお話を伺ったこともありますし、仮設住宅にお邪魔したこともあります。現地で見たり聞いたりしたことは、自分が想像していたことを大きく超えていました。

その方々の被害とは比較できませんが、関東に住む私たちにも、皆、それぞれのエピソードがありました。交通機関の麻痺、停電、寒さ。家族を心配しながら、真夜中に何時間も歩いて帰る人たちが大勢いました。

沿道では、歩いて帰る人たちのためにトイレを貸してくれた家や、あたたかい飲み物を振る舞った人たちもいたと聞きます。

寒空の下、不安と疲労の中で受けた他人からの厚意は、これからの人生、ずっと心に残る出来事となったはずです。

震災という出来事は、例としてあまりよくなかったかもしれませんが、自分の持っている経験が自分だけの独自エピソードだということをわかってもらえたと思います。

身に起きる事象が他の人と同じでも、状況や環境、個人の価値観による行動が違う以上、すべて同じということはあり得ないのです。「ある事象に対しての感じ方や捉え方は人それぞれ」、「それによる行動も、その結果も人それぞれ」ということです。

【図表２　皆が経験する同じ出来事でも一人ひとりのエピソードはすべて違う】

皆が経験した出来事　（例）受験勉強

自分だけのエピソード

（例）
- 先生の一言で頑張れた
- 深夜のラジオ番組の思い出
- 独自の勉強法を編み出した
- 偏差値40から一気に60へ
- 受験当日、雪で電車がストップ!!
- 友達と勉強合宿をした

皆が経験した出来事　（例）修学旅行

自分だけのエピソード

（例）
- はしゃぎ過ぎて正座させられた
- 地元の不良に絡まれた
- 女子の部屋でトランプ
- 行きの新幹線で下痢になった
- いちばん先に寝て顔に落書き
- お酒がバレて帰ってから謹慎

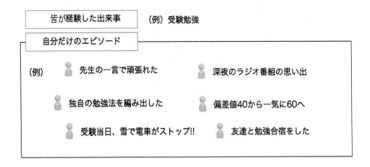

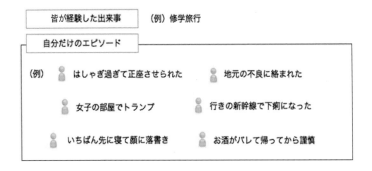

普通の人でも自伝を書く時代

時代をさかのぼって、これが受験勉強であったり、親と離れて一人で暮らした生活、アルバイト、恋愛、旅行、就職、結婚という出来事でも同じです。それぞれの場面で自分だけの経験があります。それが一つひとつ積み重なって、誰かの人生が形成されているわけです。あなたがこれまでに積んできた経験は、決して平凡でもなければ、ありふれているものでもありません。

前述したように、私は、自分史活用アドバイザーとしてセミナー講師をつとめたり、個別相談を受けながら自分史制作のサポートをしています。自分の人生を振り返って、自ら体験してきたことや感じたこと、現在の自分への影響、そして家族に対する思いなどを記録に綴ることのお手伝いです。自伝のような本の形にしたり、写真を中心にアルバム形式にする人もいます。

その自分史をつくる人たちは、すべて、世間一般にいう「普通の人」です。テレビや雑誌に出るような有名人でもなければ、大企業の社長さんでもありません。普通の会社員、個人経営者、定年退職した人、主婦の人たちです。

そんな普通の人たちでも、人生を語り始めると一冊の本ができあがるほどになります。もちろん、起きたことすべてを書いているわけではなく、抜粋されたエピソードをいくつか書いただけです。他の誰かに見せることを前提にしているので、読み手に不快な思いさせないために、一から十まですべてを赤裸々に書いているわけでもありません。それでも、書いていくうちに、原稿用紙１００枚近くになる人もいます。

皆、最初は、冒頭のように、「平凡だから書くことなんか何もない」とおっしゃるのですが、一つの出来事を書き始めると、次から次へと記憶が連鎖してきます。そして、その出来事一つひとつに対して、そもそもの経緯は何か？　どこにいたのか？　誰が一緒だったか？　なぜそういう行動をとって、どういう気持ちだったのか？　等を考えていくうちに、例にあげたような「自分だけの経験」が、どんどん浮かび上がってくるのです。

複数の人が集まると、さらに記憶が呼び起こされる

何人かで一緒に話す機会があれば、さらに有効です。以前、一般女性の立場で体験した戦争体験記をつくろうと、何人かのご高齢の女性にインタビューを申し込んだことがありました。しかし、最初は、全員に断られました。理由は、やはり「話すことがない」ということです。

そこで、今度は、同年代のお友達同士三人に集まっていただいて、お茶を飲みながら同時に聞かせてもらおうと企画しました。するとどうでしょう。一人が話し始めると、「そうそう、私も…」「うちはねぇ…」と、他の二人も話し出します。やがて、子供の頃の疎開の話、空襲の話、食べ物、流行、進駐軍と、次から次へと話が広がっていきます。結局、予定した時間を大きくオーバーして取材は終わりました。戦争体験記ですから、三人とも「同じような経験」を話すわけです。しかし、すべてが「違う物語」でした。ここが自分の経験を考える上で大事なポイントです。

同じ自分でも年齢や環境によって異なる経験

前の項で「ある出来事に直面したときの行動は、人それぞれで違う」という話をしました。おもしろいのは、同じ自分であっても、年齢や生活環境によって感じ方や行動そのものが変わることがあります。

たとえば、恋愛という経験一つ見ても、十代の時と三十代になってからとでは、まったく別ものですね。気持ちの伝え方も違うし、相手に求めるものも、付合い方も、そして終わり方も違います。

さらに、かかわってくる周囲の人たちも大人になってきますから、起こるエピソードも全く違ってきます。十人十色という言葉がありますが、まさに十人で百色くらいの物語が生まれます。

せっかくの経験、活用しなければもったいない

一人の人間が「一生涯を費やして積み重ねた人生経験」というものは、この世に同じものが二つと存在しないエピソード集のようなものです。せっかくですから、これほどおもしろくて貴重なものを有効に使わない手はありません。

英国の劇作家でジョージ・バーナード・ショー（アイルランド出身。劇作家の他に音楽評論家、政治家などで活躍。ノーベル文学賞受賞。《参考：Wikipedia》）という人がいます。その人がこんな言葉を残しています。

『人間の賢さは、何を経験したかではなく、経験をどう活かすかである』

まさにその言葉のとおり、人の経験は、活かしてこそ価値があります。

2　あなたの経験は、実はすごい

自信を持って自分の経験を肯定する

経験を活用するために大前提となるのは、自分がこれまで経験してきたことに自信を持つことです。まず、ポジティブに肯定して、自信を持たないことには先に進みません。こ

れから、誰でも自分の経験に自信が持てるコツを紹介します。自分が今、当たり前のようにやっていること、普通に過去やってきたこと、それは他の人から見たら実はすごいことなのです。

人は、自分にできることを、つい当たり前と思ってしまいがちです。「誰にでもできることだ」と。しかし本当は、あなたがこれまでに経験してきたことは、誰にでもできることではありません。他の人が見たら、「自分にはとてもできそうもない」と感じること、そして「大変興味深い」ことなのです。

今、あなたが毎日やっている仕事、長年やってきた仕事は、他の業界や職種の人にとっては、真似のできないことです。おおげさなようですが、他人にとっては、それが「神業」に見えるようなこともあります。しかし、多くの人が、自分のできることを過小評価しています。

できないと思っていたことが、今は当たり前のようにできる

自分が働き始めたときのことを、ちょっと思い出してみてください。就職でもアルバイトでもいいです。仕事をしている先輩達の姿を見て、最初は「自分にこんなことができるだろうか」「こんな芸当ができるわけない」と不安に感じませんでしたか。その後の何年かで仕事を覚え、あるいは技術を身につけて自分にもできるようになったとき、「何だ、できるじゃないか」という気持ちになりませんでしたか。車の運転のようなものです。免許を取る前は運転している人を見て、「よくこんなことができるな」と感心するものです。

できるようになる前は「自分にはできそうもない」と思っていたことが、いざできてしまうと「意外とできるものだな」と感じてしまう。この「できてしまえば意外と簡単」と思う感覚が、自分のできることを過小評価してしまう理由の一つです。

しかし、考えてみてください。あなた以外の大勢の人は、あなたができるようになる前の、「できそうもないと思っている状態」なのです。車でいえば免許を取る前です。

いくつか例をご紹介します。たとえば、仕事で、コンピュータのソフトウェア開発をしている人にとって、コンピュータ言語など理解していて当然です。しかし、普通の人があの言語を見ても何がなんだかわかりません。プログラミングなどできない人からすれば、コンピュータ言語を操って動くキャラクターをつくるなど、まさに神業、魔法のようです。普段使っているスマホのアプリが、元をたどれば「文字の羅列」であることなど、想像することすら難しいのです。

他にも、日常でよく見かける「販売」という仕事にも同じことがいえます。モノを売ったことのない人にとって、人に何かを売ることができるというのは、特殊能力です。

【図表３　できる人たちはすごい】

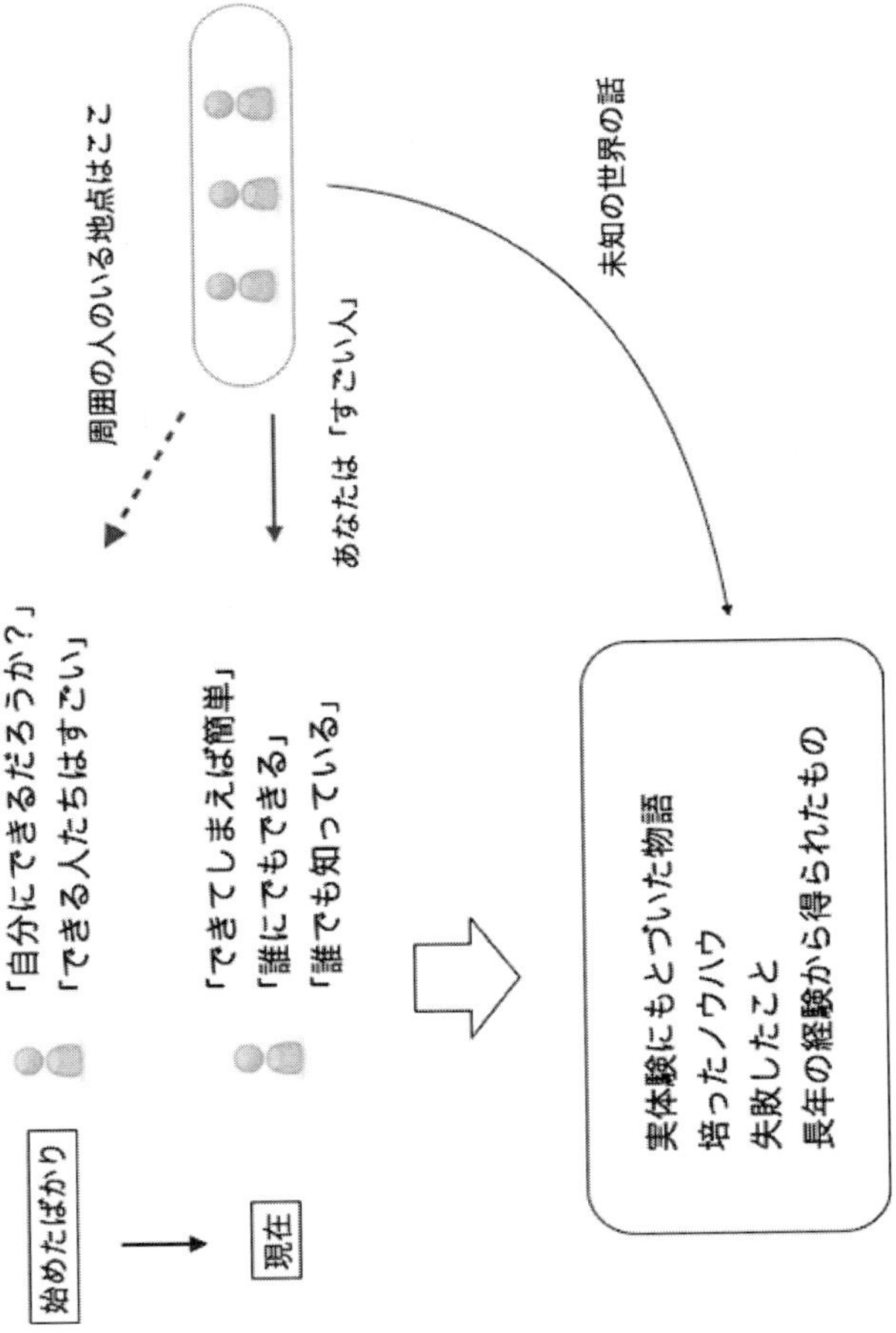

もちろん、最初から「欲しい」と言う人に売るのは簡単です。しかし、販売の仕事というのは、その欲しがる人をつくり出したり、あるいは探したりしなければなりません。仮にうまくつくり出したり探せたとしても、今度は、同じ商品や類似品を扱う競争相手に勝たなければなりません。そこまでしないと買ってもらえないのです。

お客に効果を説明し、場合によっては価格を調整したり在庫を安値で捌いたりする。もちろん、本人がお客に嫌われるようなことがあってはいけませんから、常に笑顔。これらのことは、普段営業や販売業務をしている人には当たり前であっても、できない人にとっては本当に難しい技術なのです。

また、仕事には、どうしても人のやりたがらない業務というのがあります。ユーザーからのクレームを受けつけ、それに応対しなければならない仕事など、日頃からストレスにさらされる過酷な仕事です。

ユーザーの中には、オペレーターが喧嘩できないのをいいことに、暴言を吐いたり、ネチネチと絡む人もいます。そんな部署で長い間働いてきた女性と話をしたことがありますが、彼女のコミュニケーション能力には驚かされます。人を不快にさせることなく、伝えるべきことをしっかり言うことができます。周りに機嫌の悪そうな人がいれば、上手にガス抜きさせることもできます。その能力は、天性のものではなく、日々の仕事で培われた技術なのだという感じを受けます。日々の仕事で鍛えられ、経験を積んだ彼女には、そんなノウハウが当然のように身についていました。

いかがでしょうか。これらの例をみて、自分の積んできた経験と照らし合わせれば、だいぶ自信を持つことができたのではないでしょうか。

あなたが、現在、当たり前のように持っている知識や毎日している仕事は、それをできない人のほうが、できる人より圧倒的に多いのです。となれば当然、それを舞台に起こった様々なエピソードも、他の人にとっては未知の世界の話になります。これらの経験は、「自分だけの物語」として、仕事やプライベートのいろいろな場面で効果的に引き出して活用することができます。

経験を物語にする

では、経験は、どんなことに活用できるのでしょうか？　詳しくは、次章以降で紹介していきますが、ただの経験の状態から「物語」にして、それをＴＰＯに合わせて使えば、こんな効果が得られます。

・言葉に重みを与え、説得力を持たせる
・相手を楽しませたり、会話の潤滑油として使う

【図表４　自分だけの物語としていろんな場面で活用】

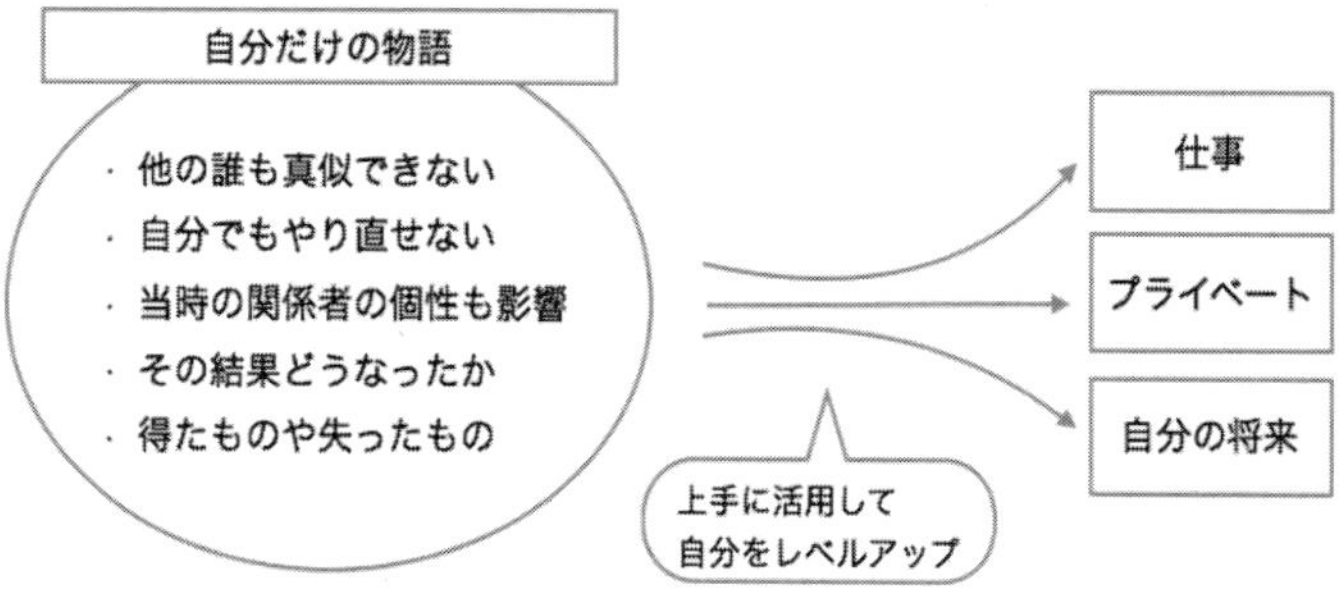

経験をうまく活用して、自分をレベルアップ！

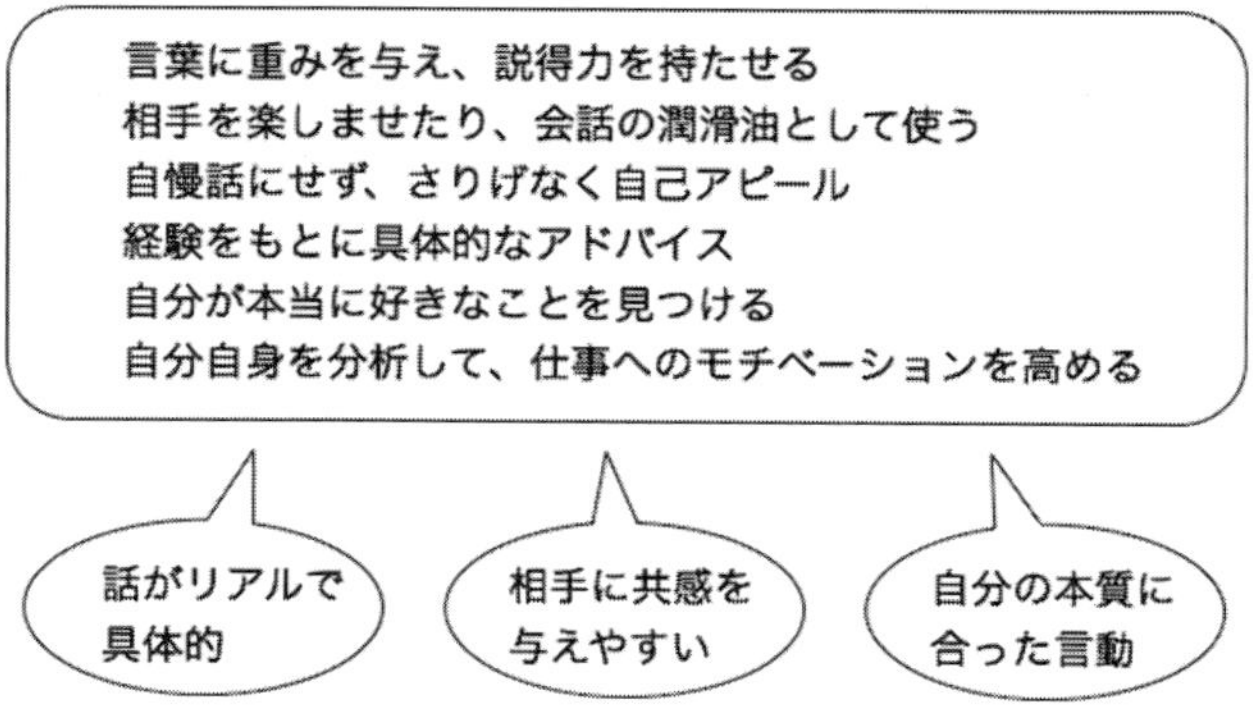

・自慢話にせず、さりげなく自己アピール
・経験をもとに具体的なアドバイス
・自分が本当に好きなことを見つける
・自分自身を分析して、仕事へのモチベーションを高める

いくつか用意したエピソードの中から、その場の会話にマッチしたもの披露して、相手をクスッと笑わせるもよし、人生のアドバイスをするもよし、さりげない自己アピールに利用するもよし。相手にとってあなたの存在は確実に大きくなります。

3　エピソードを仕事に活かす

管理職の悩みと部下が求めるもの

私が会社員だった頃、毎週のようにセミナー案内がメールされてきました。おそらく、営業でバラまいた名刺のどれかを元にアドレスが登録されたのだと思います。

最初は迷惑だと思いましたが、それを読んでいるだけで世のトレンドがわかると思い、解除せずにとりあえず目を通していました。しばらくの期間、メールを読んでいて気づい

たのは、送られてくるセミナー案内のほとんどが「リーダーシップ」と「コミュニケーション」の二つに関連しているということです。

当時の名刺の肩書きが管理職だったので、送るほうも管理職向けのセミナーを案内していたはずです。ということは、裏を返せば、世の中の管理職の人は、それだけリーダーシップや部下とのコミュニケーションに苦労している、もしくは悩んでいるということです。

それを裏づけるように、新聞社のアンケートでも、20代の会社員が上司に求めるものの第一位はリーダーシップでした。もちろん、私自身も同じ苦労や悩みを持っていました。

そんな多くの管理職が持っている苦労や悩みも、鉄板エピソードが解決します。自分の経験を理解し自信を持つことで、言動が変わります。そして、経験に裏づけされた判断や決断は、ブレのないリーダーシップとなり、周囲へ説得力を持つこととなります。

「自分の経験を理解して自信を持つというのは、言うほど簡単ではない」という意見もあります。確かに、自分の経験に揺るぎない自信を持つことは、簡単ではありません。いくら経験を積んだとはいえ、すぐ身近に自分よりも優れた人がいるでしょうし、必ず上には上がいるものです。単純に技能だけなら、部下のほうが優れていることもあるかもしれません。特に進歩が著しい業界などでは、自分が学んできた技術があっという間に古くなってしまいます。若い人がどんどん新しい技術を吸収していくので、年配者が口を挟むことに遠慮してしまうこともあります。

しかし、だからこそ、自分の経験をしっかりと理解し、自信を持つことが重要です。「自分という人間だからこそできた実体験」ということを、自分自身がきちんと理解すれば、それは絶対的な自信となります。

試しに、今までの仕事人生を振り返って考えてみてください。どんなに若者が最新技術や理論を持っていても、それだけではとても渡りきれる世の中ではありません。あなたが持っている積み重ねた実体験や、培ってきた人間力が必要なのです。

自信を持てば言葉が変わります。その言葉一つひとつに重みが出ます。重みとは何かというと、それは「経験の裏づけ」です。苦労知らずのエリートが苦難を口にしても真実味がないし、なまけ者が努力を語っても、これもまた真実味がありません。その人の背景があってこそ言葉が生きるのです。

あとは伝え方です。伝え方を間違ってしまうと、せっかく自信を持った経験が、「ただの自慢話」になってしまいます。詳しくは、第2章、第4章で説明しますが、その経験を「物語化」「ノウハウ化」します。自分が積み上げてきたことを整理して、いつでもどこでも使えるようにしておきます。

とにかく話を聞いてもらわなければなりません。聞いてもらうには、興味を引かねばな

【図表５　一般的な管理職の苦労・悩みと解消法】

一般的な管理職が持つ苦労や悩み

・リーダーシップを取れない
・部下とのコミュニケーションが上手にできない
・尊敬されたいのにされない
・周りに振り回される

自分の持つ豊富な経験を活かしきれていない

↓

経験を「物語化」

↓

・自分の実体験をポジティブに受け入れる
・自分がやってきたことに自信と信念
・人にきちん伝えて自己アピールやアドバイス

らず、興味を引くのに最適なのが物語化です。意外性や盛り上がるクライマックスがあれば、聞いているほうも楽しく聞けます。その「物語化された独自の経験」は、あなたの鉄板エピソードです。

4　エピソードをプライベートで活かす

物語を演出する

たとえば、あなたが、何かのきっかけで素敵な女性と夕食を共にすることになったとします。そんな機会があったら、せっかくですから、人として好かれ、そしてビジネスマンとして尊敬されたり、一目置かれるようになりたいものですね。

そんなときは、自分の過去を演出してみましょう。今ではなく、過去をです。

テレビのグルメ番組に出てくる料理、食べてもいないのにおいしさが伝わってきますね。どうしてでしょう。レポーターのコメント？　違いますよね。おいしさが伝わってくるのは、その料理や食材が持っている物語を番組で演出しているからです。肉や野菜など食材をつくっている人の努力、料理人のこだわり、そういった「物語」が、食べてもいない私たちに美味しさを伝えるのです。それと同じように、あなたにも「こんな物語を持っている男」と、さり気なく演出しましょう。

リアルな体験談は最高のコミュニケーション手段

人は、自分が話したいことを話しているときが楽しいものです。「聞き手」の人が好まれるゆえんです。しかし、聞くためには、相手に話をしてもらわなければなりません。

私などは、ここで困ってしまいます。「相手に心地よく話してもらうには、どうしたらよいのだろう」と。こちらが黙っていれば、放っておいても話してくれる人もいますが、そんな人ばかりではありません。うっかりすると沈黙が続いてしまったり、質問攻めにしてしまったりすることもあります。上手に聞くことは、上手に話すのと同じくらい難しいものだと痛感します。

そんなとき、鉄板エピソードを使って共通の話題を探したり、自分の経験を「呼び水」として利用することで、相手に気持ちよく話してもらうことができます。きっと相手の女性は、気持ちよく話を続けてくれることでしょう。

さて、気持ちよく会話が続きお酒も進みます。やがて話題は、悩み事やプライベートな方向に向いていきました。オトナの男であるあなたは、様々な経験を彼女の何倍も持っています。

ここで、ついやってしまいがちなのが、デキる男と思われたい一心で「自慢話」をしたり、アドバイスするつもりで、「お説教」をしてしまうことです。

私自身も失敗した経験があります。気づいたら女性の前でつまらない自慢話をしていました。おそらく自信のなさの裏返しだったのだと思います。自戒を込めて言いますが、自慢とお説教は気をつけましょう。最悪の場合、相手の女性との食事は、この日が最後になってしまいます。

こんなときも、あなたが練り上げた鉄板エピソードを活用する場面です。自慢に聞こえない成功体験、お説教に聞こえないアドバイス、愚痴に聞こえない苦労話など、第３章では、鉄板エピソードをプライベートで活かす方法をご紹介します。

5　エピソードを今と将来の自分に活かす

今の自分は過去の自分の延長

あなたは今、自分がやっている仕事が本当に自分のやりたいことだと胸を張って言えるでしょうか。所属している会社や組織が、本当に自分の居場所だと感じられているでしょうか。もし、この問いに自信を持ってイエスと答えられなかったら、これからの人生を惰性で過ごしてしまう前に、ぜひ自分の過去を振り返ってみてください。

過去の経験は、「今と未来の自分自身のため」にも活用することもできます。自分の本当に好きなことや本質を見つけることができるのです。

「自分はもう歳をとってしまった。そんなものを見つけたところで、もう遅い」という人も多いかもしれません。でも、ご安心ください。見つけるものは「本質」ですから、今の仕事の中に見い出すことも十分に可能です。

さらに、今の仕事を引退した後のセカンドステージにすることを考えている人であれば、自分の本質にピッタリ合った仕事や趣味を選ぶことができます。

このように、第5章では、過去をきちんと振り返りながら鉄板エピソードをつくる過程で、自分がどういう人間なのかを知り、自分が本当に好きなこと、無意識に時間を費やしてきたこと、リスクを負ってでも手に入れようとしたものを理解します。

これがわかると、あなた独自の判断基準ができる上に、仕事の中に自分の「好きな要素」を見つけることができます。これは仕事に因んだ経験だけではなく、若い頃の勉強や遊び、スポーツ、あるいはアルバイト経験なども活用できます。

6　相手の心を一瞬でつかむ「鉄板エピソード」

鉄板エピソードはいろんなシーンでの強い味方

本書では、誰もが持っている自分だけの経験を「鉄板エピソード」と名づけ、それを「仕事でもプライベートでも、将来の自分にも」活用できるようにしようとしています。

といっても、ただ漠然とエピソードを記憶しているだけでは、なかなか有効なタイミングで頭からポンポン出てくるものでもありません。そこで、あなた独自の経験をうまく練り上げてストーリーにしておきます。

なぜ物語にするといいのか

誰でも独自の経験を持っていることは、ここまでご紹介したとおりです。後は、それを具体的にどうやって活用するかです。

コミュニケーションに利用するにしても、自分自身を分析するにしても、そのままでは単なる経験です。前述のジョージ・バーナード・ショーが言う「経験しただけ」の状態にすぎません。では、活用するためにどうしたらいいでしょう？

　一見すると誰でも持っているような経験でも、細かいところまで見れば同じではありません。そのオリジナル素材をうまく編集して、単なる出来事を物語のようにします。そうすることによって、クライマックスやオチ、得られるノウハウや、経験に裏づけされた真理などの「伝えたいこと」が整理されます。

　さらに、いろいろな場面で使えるように、要点を押さえて切り口を増やします。そうしてできたものが〝鉄板エピソード〟というあなただけの強力な武器になります。

【図表6　鉄板エピソードの内容】

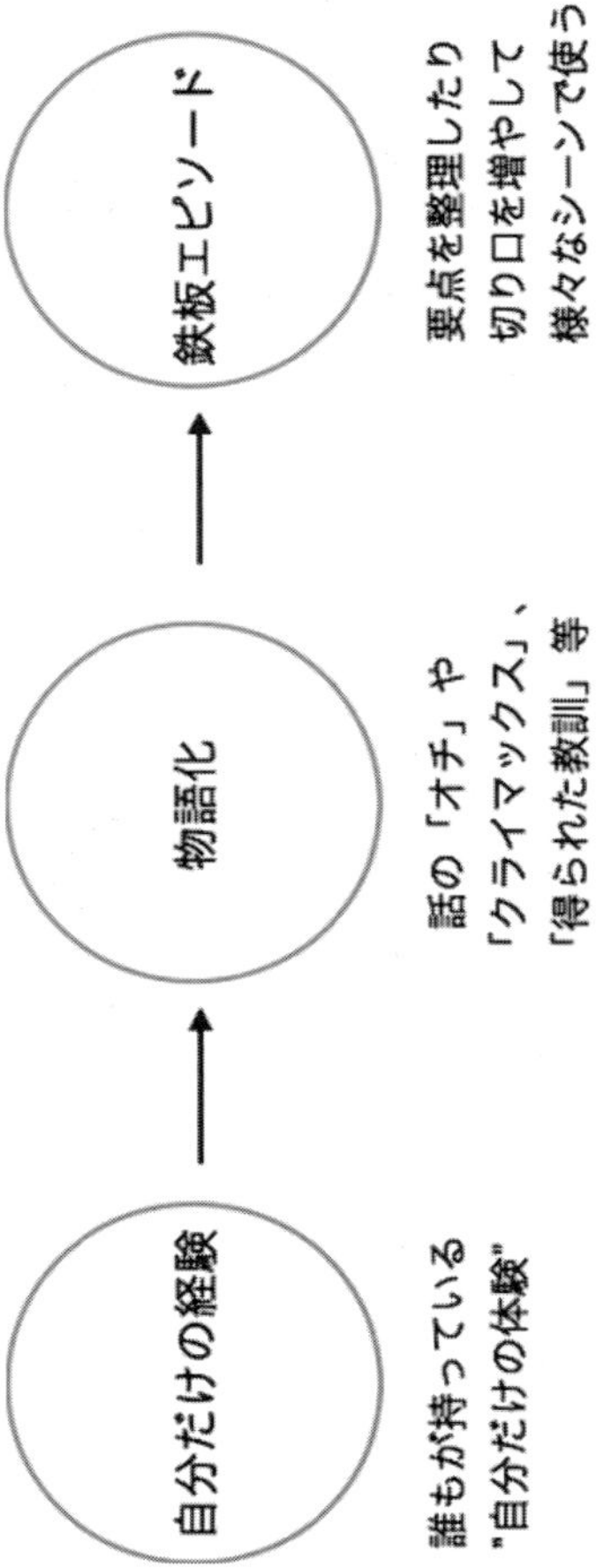
自分だけの経験
物語化
鉄板エピソード
誰もが持っている
"自分だけの体験"
話の「オチ」や
「クライマックス」、
「得られた教訓」等
要点を整理したり
切り口を増やして
様々なシーンで使う

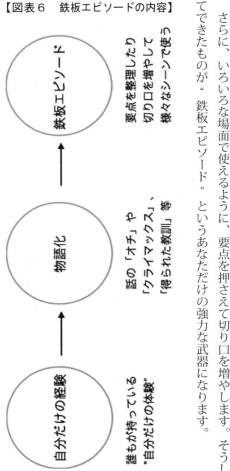

第2章

自分の言葉を経験で裏づける

《仕事で活用する》

1　リーダーシップとコミュニケーション

職場での悩みの9割は、経験に自信を持てれば解決する

私は、独立する前、20年にわたって勤め人という立場でした。かつての同僚は、ほとんどが会社に残っています。年齢的にも皆管理職です。たまに彼らと飲みに行くこともあるのですが、話していると次のような悩みが出てきます。

「部下にやる気がない」、あるいは「部下のやる気を引き出せない」

「厳しくすると避けられるし、甘くすると軽く見られる」

「自分の決断に信念が持てない」

「自分の考えが正しい自信はあるが、人への説得力がない」

「ワンマン上司に自分の意見が言いづらい」

私が会社員だったときも、似たようなことで頭を悩ませていました。こんな悩みにも、鉄板エピソードが強い味方になってくれます。

この章では、自分の経験（エピソード）を仕事に活用するノウハウを紹介します。私に

話をしてくれた人生の先輩たちの経験と私自身の経験、さらに自分史活用のテクニックを盛り込んでいます。

一部のエリートだけが活用できるようなノウハウではありません。普通の人の普通の経験がきちんと活用できるようになっています。

これであなたは、自信に裏づけされた言葉や振舞いが身につき、周囲からも一目置かれます。周囲とコミュニケーションをとりながら、自分の考えを伝え、自分の正しいと思うやり方で、どんどんチームを引っ張ってください。

【図表７　チームの成果のために必要なこと】

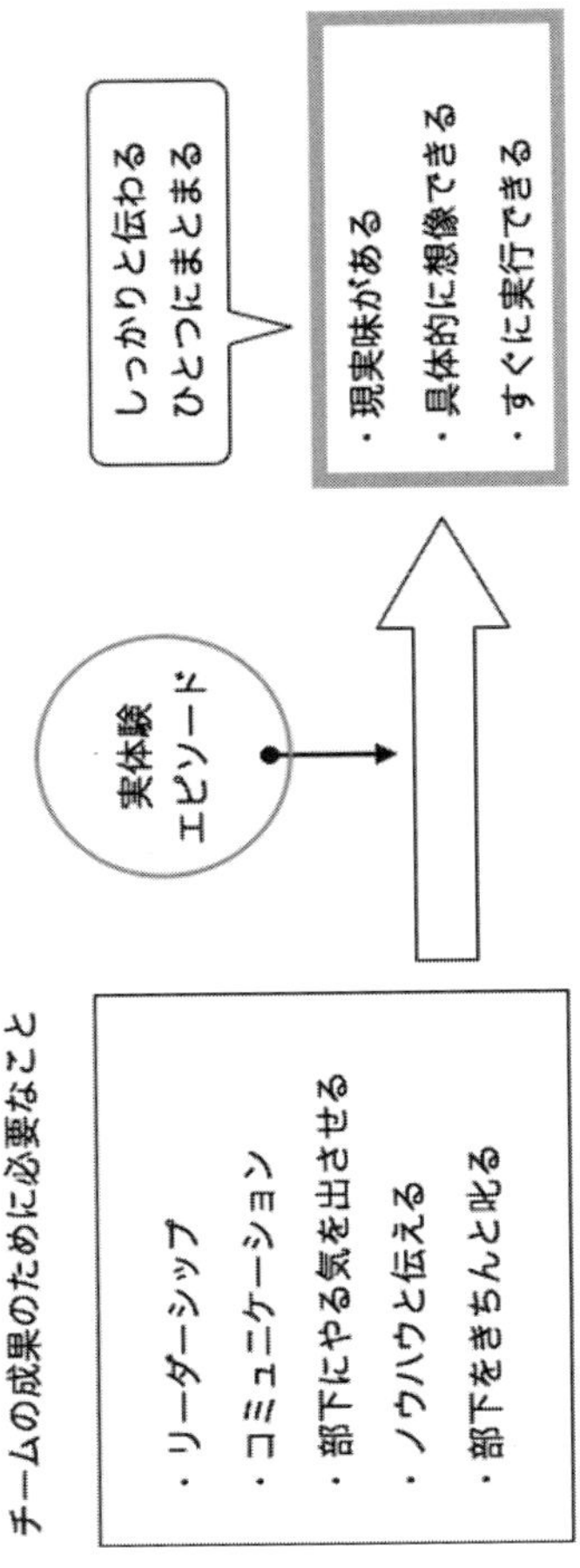
チームの成果のために必要なこと
・リーダーシップ
・コミュニケーション
・部下にやる気を出させる
・ノウハウと伝える
・部下をきちんと叱る
実体験
エピソード
・現実味がある
・具体的に想像できる
・すぐに実行できる
しっかりと伝わる
ひとつにまとまる

上司としての人望や威厳とは何か

あなたが管理職だったら、一度は「上司としての人望や威厳とは何か。どうしたら身につくか」を考えたことがあるはずです。これは、言葉の定義からして難しいことで、おそらく模範解答はありません。

では、逆に部下の立場で、「こういう上司を持ちたい」ということを考えてみます。「部下の目線で考えると、甘い人や適当な人がいい上司ということになってしまう」という心配があるかもしれません。

しかし、それは杞憂です。部下は、尊敬できる上司を求めています。身近にいる見本となるような人から豊富な経験や知識を吸収し、自分もそうなりたいと思うものです。決してラクな上司を求めていません。

若い頃の上司を見る目線に戻ったとき、よく目についたといえば、威厳のある上司になろうとして無理をしていた人です。偉そうなことを言って、言葉と行動がバラバラだったり、威厳の意味を履き違えて部下を罵倒してみたり、仕事の緊張感ではなく、自分の機嫌の悪さで場をピリピリさせたり―これらはすべて逆効果です。いくら若い部下とはいえ、そのくらいの無理は見抜きます。

人望や威厳を求めるのなら、まずは無理をしないこと、つまり「等身大」でいることです。この「等身大」というキーワードは、本書で何度か出てきます。自分の経験を活用することと、自分を飾らないことは、ほぼ同じ意味だからです。

2　つまらない話と、もっと聞きたくなる話の違いはここ

部下が上司から聞きたい話

では、部下たちは、どんな上司を望んでいるのでしょうか。たくさんの理想像があるでしょうが、間違いなくその一つであるのが、「具体的に行動した話」ができる人です。実際の行動に裏づけされているなら、どんな言葉も現実味があります。そういう人の話は、素直に聞く耳を持っているし、具体的な話のできる人には敬意を払います。

「そうは言っても、うまくいった経験はそんなに多くない」と言う人がいるかもしれません。しかし、失敗した話でもかまわないのです。私自身、20年間ずっと誰かの部下であり、その間に何人もの上司を経験しているので断言できます。人望や威厳のある上司とは、たとえ失敗であっても具体的な行動した人、またはできる人。失敗しても結果を分析して再トライできる人です。

一方、上司の立場になれば、そういった経験を上手に伝えてあげられることが大事なのです。

違いの鍵は聞き手にある

「こっちばかり話していると、相手は退屈ではないか」と心配する人もいると思います。確かに、片方が一方的に話してばかりでは、あまりよいコミュニケーションとはいえないかもしれません。しかし、上司として部下に何かを伝えたいのであれば、9割くらいこちらから話しても大丈夫です。

考えてみてください。セミナーや講演の壇上で話す人たちは、何時間もずっと自分ばかりしゃべっています。聴衆は、退屈もしないし、不快にもなっていません。それどころか、お金さえ払っているではありませんか。それとは逆に、自分のことを話さない相手が、まるで取調官のように質問攻めにしてきたら、そちらのほうが不快になりませんか。

つまり、相手がどう思うかは、話している量の問題ではありません。話している内容が「相手の聞きたいことなのか」、それとも「単に自分が話したいことなのか」の違いです。部下が聞いて、退屈したり不快に聞こえてしまう話は、聞きたいことからずれているという、それだけのことです。

では、部下が聞きたいこととは、何でしょうか。その一つがノウハウです。試しに、普段してしまいがちな自慢話を、「こうしたら君にもできる」という観点で部下に話してみてください。わかりやすく、具体的に、そして明日からすぐに実行できるようなものに落

【図表８　つまらない話と聞きたくなる話】

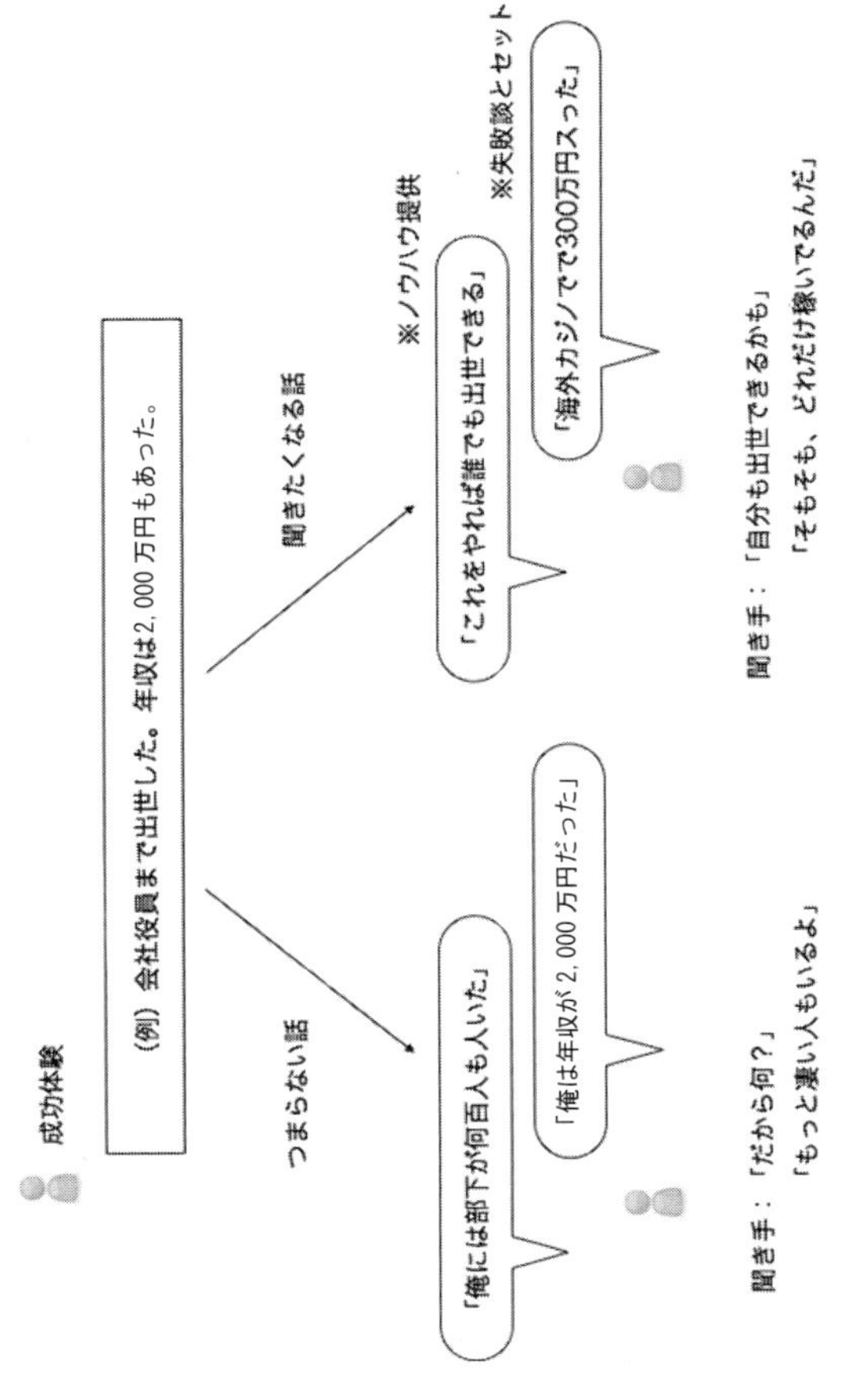

とし込んで話します。

すると、たった今あなたが自慢話にしてしまった成功体験は、聞き手である部下が「将来自分自身が手にする成功」に変わります。彼らは、もう、その話を「また始まったよ」という態度で聞くことはありません。むしろ、「もっと詳しく話してください」となります。

その「相手の聞きたい話、ためになるような話」というのが、あなたのリアルな実体験、『鉄板エピソード』です。

3 経験を使ってノウハウを伝える

魚の捕り方を教える

私が会社員として働いていたころの管理者向けの社外研修で、講師が言っていたこんな言葉が記憶に残っています。

「お腹を空かせている人いたら、魚を与えるのではなく、魚の捕り方を教えてあげなさい」

何かの書籍から引用した言葉だそうですが、管理職のあり方を簡潔に表している言葉でした。

部下にとってありがたい上司、若者にとってありがたい年長者とは、魚の「捕り方」を教えてくれる人です。魚の捕り方とは、いい仕事ができるためのノウハウを教えてくれる人のこと。給料を上げてくれる人ではなく、その上げ方を教えてくれる人。昇進させてくれる人ではなく、昇進の仕方を教えてくれる人です。

長い年月を社会で生き抜いてきた上司（あるいは年長者）が、それを教えてくれさえすれば、その人がいなくなっても、部下（若い人）も同じように一人で社会を生き抜いていけます。

今の時代、長年苦労して上げてきた賃金も、手に入れた役職も、いつ失うかわかりません。しかし、ノウハウというものは、仕事をし続ける間、仮に転職しても独立しても、ずっと役に立つ武器となります。しかも、使い続けてもお金のようになくならないし、むしろ増えていったり、レベルが上がっていくものです。

しかし、その肝心な「魚の捕り方」を、知ってはいるけれど、系統立ててノウハウとして持っている人があまりいません。飲み屋かどこかで、若手社員に「どうやって今の地位や、多くの実績を築いてきたんですか」と、仮に聞かれたとしても、なかなか上手に答えられる人がいません。

おそらく10人の年長者がいたら、答えは、「そんなこと急に聞かれてもなぁ」という人が三人くらい、「何となく」や「運よく」が三人くらい、「とにかく夢中で、がむしゃらにやってきた」が三人くらい、といったところではないでしょうか。「こんな考えを持って、こういう行動をとってきた」と、具体的にわかりやすく“魚の捕り方”を答えてくれるのは、十人中、せいぜい一人か二人でしょう。

最近は、「飲みにケーション」という言葉を聞かなくなりました。確かに、若い人は、上司や先輩などの年長者と飲みに行くことに消極的なようです。

その一つの理由は、一緒に飲みに行っても得るものがないからではないでしょうか。本当は、会社の会議室ではなかなか聞けない、年長者が必ず持っている「自分なりの魚の捕り方」を、若い人は知りたがっているのです。

一方、上司や年長者の人たちも、別にノウハウを出し惜しみしているわけではなく、なかなか体系的に、かつ具体的に伝えられないだけです。自分が昔やってきたことが、今の時代に適合するかわからないという心配もあります。

そこで、エピソードをうまく使って、経験に裏づけされたノウハウを話してみます。実体験を、その経緯、流れ、クライマックス、結論と、物語のように構築しておいて、そこから得られたことを若い人にぜひ話してあげてください。

今の若い人は、総じて理屈っぽいですが、その反面、素直で誠実です。実体験に裏づけされたノウハウを知れば、きっと彼ら自身で今の時代に適応させてうまく使いこなすはずです。

ちなみに、私は、会社員時代、若い部下には、「狭くてもいいから、誰にも負けない分野をつくれ」とアドバイスしていました。何か秀でたものが一つでもあると、他のところもそのレベルに追いついてきます。実際は追いつかなくても、「周囲からは、だんだんそう見えてくる」という経験からです。これはハロー効果という心理効果としても知られているし、先輩からの受け売りでもあります。しかし、自分の経験を織り込んでアレンジすることで、自分の言葉となって話すことができます。

どんなにデジタルが発達しても、人との付合いは大切です。鉄板エピソードを準備して、たまには部下を飲みに誘い出してみましょう。

ノウハウは、小さいことでもいい

経験で身についたノウハウは、何も大げさなことでなくていいのです。小さなことでも大事なことはたくさんあります。

たとえば、多くの成功者が異口同音に言っていることに、「掃除」の大切さというのがあります。松下幸之助氏を始め多くの成功者がその著書で掃除の大切さを説いています。

それと同じように、ごく一般の人でも、「理屈抜きの経験上の秘訣」のようなものを持っています。“成功”とまでは言わないまでも、自分の印象をよくするとか、日々の仕事をうまくこなしたり、トラブルを回避したりするくらいの効果はあります。

たとえば、高い靴を履くとか、挨拶を相手より先にするとか、取引相手のフルネームを覚えるなど、長い間仕事をしてきた人であれば、必ず一つや二つ思い当たる秘訣があると思います。

そんな経験上のコツに、ちょっとしたエピソードをつけて話してあげれば、聞いているほうは、非常に得した気分になります。自分にとって有益な話を、楽しみながら聞けるのですから…。

ちょっと想像してみてください。たとえ小さなことであっても、自分の経験がもとになっているノウハウが、世代を超えて活用されていたら嬉しくありませんか。

失敗の経験をチームの結束に活用

あなたがもしチームを率いる管理職（リーダー）であれば、勇気を出して、自分の失敗したエピソードを部下に話すことをおすすめします。

一般的にリーダーは、自分の成功体験をもとにしてメンバーを指導します。自分が成功したやり方のとおりやらせれば、部下も成功するという考えからです。もちろん、それは有効な手段の一つです。しかし、それだけでは足りません。「失敗体験」があれば、さらに有効です。

なぜかというと、今このときが、自分が成功したときと同じ環境ではないからです。自分の成功したときとでは、まず時代背景が違います。流行・風潮・テクノロジー等、あらゆることのスピードが早くなった今、５年も経てば過去と同じやり方が通用しないなど当たり前のことです。次に、かかわっている人間が違います。周囲を自分の成功体験の時と同じ人たちが取り巻いているわけではありません。この「周囲を取り巻いている人間」というのは、過去の成功をもたらした大きな要素のはずです。それが今、部下たちにきちんと揃っているとは限りません。

そこで、失敗経験も有効活用します。成功体験は、「これと同じようにしよう」という観点になるので、範囲が狭くなります。それに対して失敗経験は、「こうやったら失敗した」という観点なので、「では、これをやってみよう」というチャレンジの選択範囲が広がります。そのときの状況に応じて臨機応変に対応できます。

私が自分史の取材をした元会社役員の方の話によれば、リーダー的な立場の人の失敗談は、チームの結束力を上げます。仕事での失敗体験は立派なノウハウです。あなたが今リー

【図表９　失敗体験は成功体験と同じくらい大事】

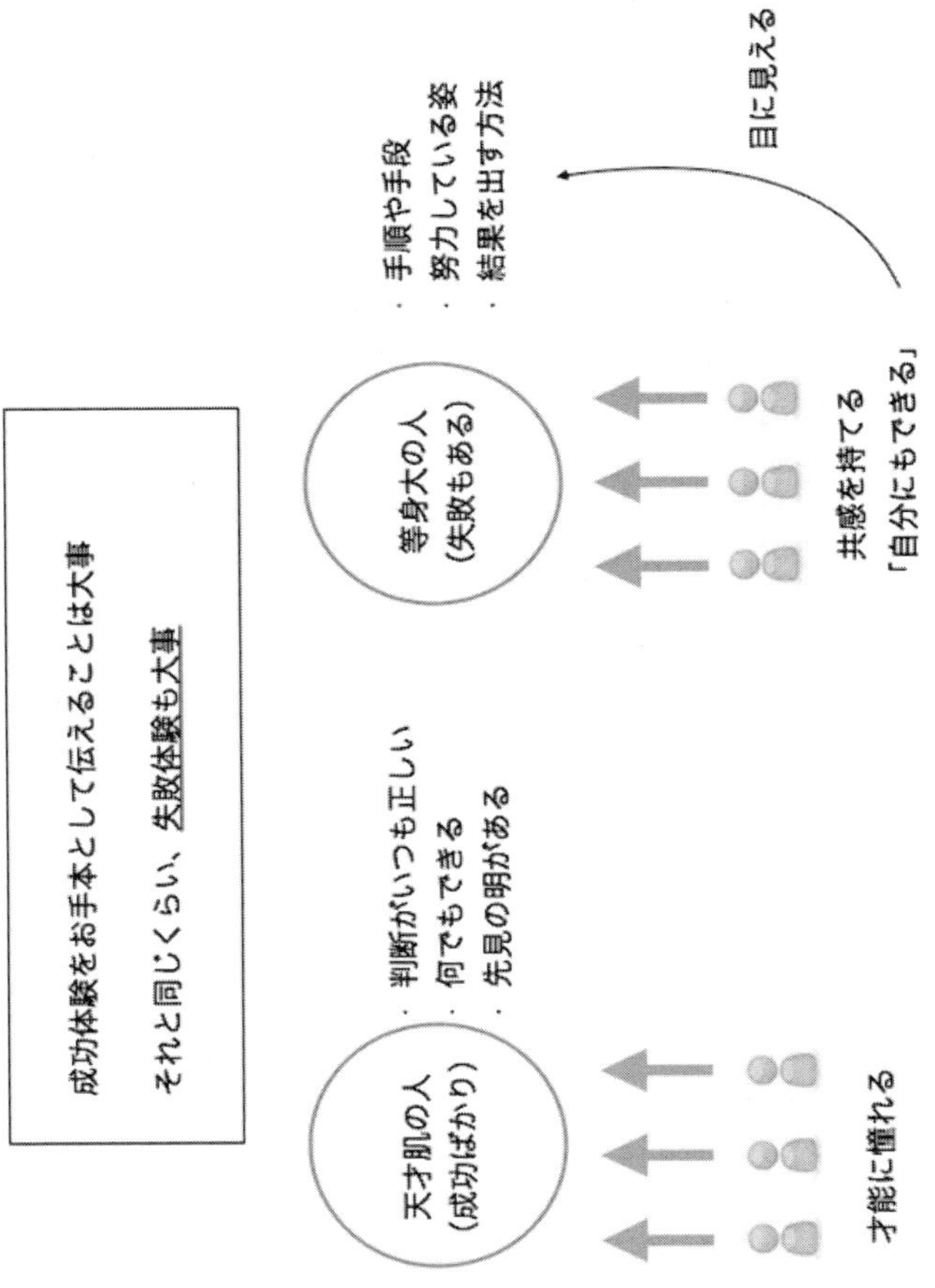

ダーの立場なら、試しにどんどん部下に失敗をさらけ出してみてください。

人は、役職や肩書きがついてしまうと、どうしても失敗したことや恥をかいた経験を他人に話せなくなります。上司として先輩としての威厳が損なわれないかと心配かもしれませんが、その心配は不要です。部下も後輩も大人ですから、失敗がない人イコール優秀な人ではないことくらいは知っています。仮にあなたが天才肌の人だとしても、一つくらい失敗談を部下や後輩に話すことをおすすめします。人は、天才的な人には憧れることはあっても、共感することは難しいからです。

確かに、職業によっては、上から指示を受けて、それに従うこと自体が重要な仕事もあるでしょう。その場合は、上司が天才でもかまいませんし、むしろそうあってほしいと思います。

しかし、昨今のビジネス環境の場合、定めた目標に向かってチームで共に課題解決していくことが多いものです。

そうなると、天才肌の上司とは一緒にやりづらいし、本音も話しづらい。自分は、天才肌ではないわけですから、その人のやり方を参考にすることもできません。実際に、私も、長い間、組織に属していましたが、一緒に仕事をしていくリーダーは、様々な失敗を経て、壁を乗り越えてきた凡人というのが望ましいものです。

4　自分の実体験を部下の指導に使う

部下は悪いところばかりを真似する？

「部下ってのは困ったもんでね、上司の悪いところだけ真似するんだよ。いいところはちっとも真似てくれないけどね」。

私が課長職についたばかりの頃、ある友人が新宿の小さな居酒屋でこんな話をしてくれました。

「俺は、人を使う立場になった今でも遅刻が多い。努力はしてるけど、どうしても月に一回は遅刻する。あいつらも、ちょうどそのくらいのペースで遅刻してくるんだよ」

彼は、笑いながら話を続けます。

「真似てるんじゃなくて、こっちに似てくるんだろうな。自分を見ているようだから叱りづらいよ。でもきちんと言わないと全体がおかしくなるからね。だから俺は、あいつらを叱るとき、一緒に自分も叱ってるんだ。それなら自分の精神衛生上もいいよ」。

その友人とは古くからの付合いで、私とは全く異なる業界で多くのアルバイト学生を管理する立場にいます。アルバイト学生の本職は学業であって、仕事は副業です。そんな片手間で働いている20歳前後の若者を大勢相手にするのですから、苦労は絶えないと思います。

そんな友人の言葉は、大変参考になりました。私も、それまでは、部下が間違ったことをしていても、「自分も人のことは言えない」と考えて、叱ることを躊躇していたし、叱ったとしても後から自己嫌悪していました。「自分も一緒に叱る」とは、本当にいい助言をもらったと思っています。彼が具体的な経験を話してくれたおかげです。

実体験とセットの叱り方

叱るときも、自分の経験がセットだと説得力が増します。人は、たとえ正しいことでも、頭ごなしに何か言われると、無意識に反発してしまうものです。表面上は神妙にしていても、心で反発されていたら、叱る意味がありません。

こんなとき、そのまま間違った方向に行ったらこうなる、という実例があると、「お前のために叱っている」という気持ちが伝わります。こういうところが、成功だけのエリートにはできない、普通の人の強みです。自分の失敗経験を活かして、部下の成長のために遠慮なく叱ってあげられます。

少し話が横道に入りますが、「叱る」と似て非なるものに、「怒る」があります。自分史アドバイザー的には、部下を感情的に怒ることはおすすめしません。感情的な怒りには、経験を裏づけできないからです。「カリスマ上司」であれば、感情を爆発させて怒ることも魅力のうちでしょうが、普通の人の場合だと感情的に怒った姿は、逆にその人を小さく見せてしまいます。

また、自分でも気づかない「怒りの真の理由」を、意外と部下は見抜いています。どういうことかというと、たとえばあなたが部下の立場で考えてみてください。ある失敗をしてお客様に迷惑や損害を与えてしまったとします。上司があなたを烈火のごとく怒ります。表面的にはお客様に迷惑をかけ、会社に損失を与えたことが怒りの理由ですが、彼は本当にお客様や会社、そしてあなたのためにそんなに怒っているのでしょうか。

部下が失敗をしてお客様に迷惑をかけたということは、その上司にも責任があります。管理者責任です。あなたの上司は、会社から管理能力を問われ、評価も下がります。お客様には一緒に頭を下げに行かなければなりません。本当は、それが怒りの根底にあるのではないでしょうか。

人は、恐怖を感じたとき、立場が弱いものに攻撃的になります。そういうことは、意外と怒っている本人は気づかず、怒られている人のほうがわかってしまうものです。

いくら若いといっても、部下も立派な大人であることを理解する必要があります。皆それぞれが、何らかの修羅場をくぐった経験を持つ一人前の社会人であるということを知っておけば、一瞬は感情的になったとしても、冷静に戻ることができます。

心理学で「否定効果」と呼ばれる現象が知られており、それによると人はポジティブ情報よりネガティブ情報が見えやすいそうです。怒りがこみ上げてきたら、「ポジティブ情報が見えづらい」ことを思い出してみるとよいかもしれません。もっとも、感情的になって失敗した例として、後々「失敗エピソード」として使えなくもないですが…。

部下がお手本にできるのは「普通の人」

鉄板エピソードは、部下にお手本を与えることができます。

天才肌の人が口にする「立派で自分には実現できそうもない」話より、普通の人が言う「自分にもできたのだから君にもできる」という話のほうが聞いていて実感がわきます。その言葉を裏づけるように、そのときの経験をセットで話します。具体的な経験は、そのままノウハウになります。部下にとって、それだけ利用価値が高いものなのです。

今は、カリスマではなく、「等身大」の人が受け入れられる時代になりました。「ありのまま」の人は、無理に格好をつける必要がありません。今の時代は、そんな人がエリートよりも強いのです。失敗を怖れないし、周りからどう見られるかを気にしない。ですから常に挑戦し続けることができます。

尊敬されたいなら「等身大」

「50歳の時にリストラされた」と、60代の男性が話をしてくれたことがあります。当時は、誰にも相談せず、家族に言うこともできず、朝スーツを着て家を出て、一日中、バスで東京中を回っていたそうです。ある程度の地位にいた方なので、プライドもあって家族に言えなかったのでしょう。もしかしたら、うつ病やノイローゼになる寸前だったのかもしれません。

私自身も含めてですが、実は、男というのは、意外と弱い生き物です。つまらないプライドを理由に、苦難から逃げてしまいがちです。年間自殺者三万人といわれますが、その中にはそんな男たちが多く含まれているに違いありません。

でも、そんな弱い男も、その弱さをはねのける力を発揮できるときがあります。それが、「誰かのために思うとき」です。男が必死になって勇気と根性を振り絞るときです。

彼にとってその誰かとは、奥さんとお子さんでした。彼は、家族のために絶望せず、プライドにも固執せず、地道に就職活動を続けました。その過程できっと屈辱を受けたこともあったはずです。就活を始めて半年後、ある精密機器メーカーの関連会社に課長職で採用が決まりました。そして部長にまで昇進して引退しました。

その彼が笑いながら、「転んだら起き上がればいいんだよ」とおっしゃいました。そんな聞きなれた言葉でも、そういう背景を持つ人が口にすると実にしっくりときます。心から、「この人、かっこいいな」と思いました。そんな人間を、人は尊敬するのではないでしょうか。まさに、ありのままの姿です。尊敬を得ようと、いわゆる「武勇伝」を話したがる人がいますが、そんなものは全く不要だという、いい例です。

プロフィールで活用する

新卒の就活はもちろん、最近は転職する人も増え、セミナーや異業種交流会などで自己紹介するシーンも多くなりました。

社会人の自己紹介とは、つまるところ自分の現在と過去を伝えることです。今何をしているか、今まで何をしてきたか。それを限られた時間で簡潔に伝えることで、初対面の人に自分を印象づけて信頼してもらうことが目的です。簡単なようですが、今後の付合いにつなげようと思うと、シンプルなだけに難しいものです。ここで独自のエピソードを盛り込んで自分のブランド化を図ります。

異業種、他業界の人が集まる交流会・懇親会などに参加したことがある方は経験あると思いますが、何十人と名刺交換して、翌日まで記憶しているのはせいぜい5人がいいところです。その記憶している人たちを思い浮かべてみると、やはり何か印象を残しています。

まず、仕事そのものが印象に残る人は、わかりやすいです。最近は、仕事が多様化していて、「○○セラピスト」や「○○カウンセラー」といった職業の方も増えました。「こういうことも事業になるのだな」と印象に残ります。「自分の仕事と組み合わせたら面白いかもしれない」というビジネス視点で覚えているということもあります。

あるいは業界の話を、素人でもわかりやすく話してくれる人も記憶に残ります。「この人は業界のプロだな」という印象を受けます。先日お会いした薬剤師の方は、お年寄りの患者さんを例にとって、医薬分業の話をわかりやすく話してくれました。

名前が特徴的な人は、それだけで有利ですね。覚えられやすいだけでなく、その名前のおかげで経験したエピソードを添えれば、場の雰囲気もグッとよくなります。

上手にエピソードを話すことは、信頼を得ることにもつながります。具体的なエピソードを添えることで、仕事をイメージさせることができ、実績をさり気なくアピールすることができます。話す相手もビジネスマンですから、自分の仕事と関連づけて考え、必要なときに「そういえば」と思い出されます。

第3章

お酒の席でさり気なく語りたい、オトナの男の経験《プライベートで活用する》

1　自分を知ってもらい、相手のことも知ってあげる

人は自分を知って欲しい

この章は、自分が積み上げてきた経験を、仕事だけではなく、プライベートでも活用する方法をご紹介します。

人は、自分のことを知ってもらえると嬉しいものです。マズローの欲求階層という学説でも説明されていますが、「他人や社会から認められたい」とか、「尊敬されたい」という欲求を誰もが持っています。自分が持っているということは、相手もその欲求を持っています。お互いが、「この人は自分を知ってくれた」「自分を理解してくれた」と感じられたなら、それは相互の信頼にもつながります。コミュニケーションとしては最高です。

相手を知ること、そして相手に自分を知ってもらうことの一番のツールが、その人の経験、エピソードです。

人は、それぞれバックグラウンドや考え方、価値観が違います。第1章でお話したとおり、同じ事象が起きても、人によって反応や行動が異なります。したがって、人がどんな

経験をしてきたかというは、その人を知るためのもっともよい手がかりになります。

「当時と今とでは価値観が違う。昔話はかえって誤解を生んでしまう」といった心配もあるかもしれません。確かに、時間の経過と共に価値観が変わることは十分あり得ます。そんなときは「なぜ変わったのか」、「変わるきっかけとなった出来事は何か」を話してあげればよいのです。それも、あなたという人間を伝えるための貴重なエピソードです。

相手を受け止めて理解する

こちらから伝えること以上に、相手が自分に伝えたいことを受け止めるのは重要です。きちんと誠実に受け止めなければなりません。ただし、あまりに正確に理解しようしても難しいので、まずは受け止めることからです。

人間というのは、複雑ですから、深いところまで正確に理解することはプロのカウンセラーでも難しいといわれます。たまに、相手の一面だけを見て、あたかも全体を理解したように「君はこういう人間だから」と語る人を見かけますが、人はそんなに簡単なものではありません。まずは、相手の言葉に耳を傾けて受け入れれば、コミュニケーションとしては十分です。

理解は難しいですが、それでも「謙虚に相手を理解しようとする」という、その気持ち

【図表 10　お互いを知り合うことは「自分を伝え合う」こと】

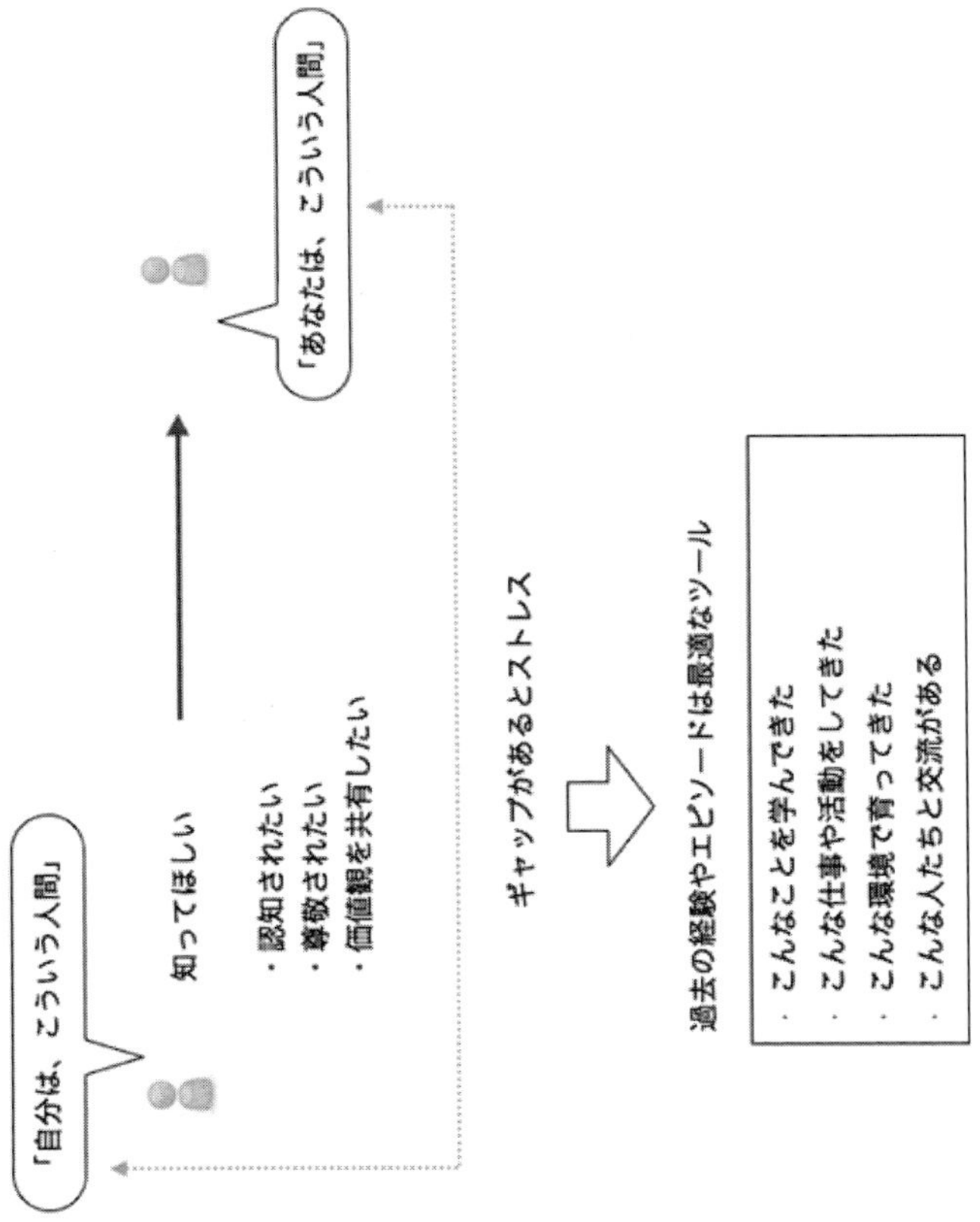

や姿勢は大切なことです。そういった姿勢の相手には、こちらも心を開こうという気持ちになります。

逆に、こちらがそういう姿勢であれば、相手も怖がらずに、ありのままの自分を語ってくれます。そしてお互いが、「等身大」の自分をさらけ出せるようになると、その相手との時間や空間は居心地のよいものになります。やがて安心感や信頼も生まれます。そんな過程を経て、親友だったり恋人だったり、そんな大切な関係がつくられていくのではないでしょうか。

親友や恋人のような深い関係を望まない相手でも、せっかく話をするチャンスができたのであれば、お互いを知っておきたいものです。特にバックグラウンドや価値観の違う人との付合いは、人間的な幅も広がるし、深みも増します。

仕事以外の話は意外と難しい

私は、会社に勤めているとき、そのほとんどを営業職として過ごしました。モノやサービスを法人のお客様に売る仕事で、いろいろな会社の担当者と毎日のようにお会いします。

一般的に営業マンというと、話が上手、雑談が上手という印象を持たれるかもしれません。確かに、そういう人も多いのですが、私のように苦手な営業マンもいます。打合わせのときなどは、お互いが席に着いた後、本題に入る前にちょっとした雑談をするのが一般的です。ところが、私は、この本題に入る前の雑談がどうしても苦手でした。もちろん、多少は業界の話などをしますが、ほとんどすぐに「早速ですが」と本題に入ります。相手の時間を奪っているという気持ちが強かったというのもありますが、やはり苦手意識から避けていました。

特に若い頃は、お客様との雑談が苦手でした。商談前の5分でもこれですから、お客様と飲みに行くともなれば、ほとんど苦痛といっていい状態です。序盤は、導入していただいたサービスの話など、仕事に関する話題で場がもつのですが、やがて話題も尽きてしまいます。家族や趣味の話を自分からどんどん話してくれる人もいますが、そんな人ばかりではありません。無口な人もいます。そんな人には、私生活の話題を振っていいものか悩みますし、あまり質問攻めにもできません。

さらに、「相手に気分よく飲んで話してもらわなければならない」と考えると、それがプレッシャーとなって話題の範囲が狭まっていき、どんどん深みにはまります。

あるとき、沈黙が続いてしまいそうなタイミングで、相手に何か質問するのではなく自分の体験を話してみました。自動化のシステムとヒューマンエラー（人的ミス）という話題の流れだったので、自分が見積書の金額を一桁間違って出してしまったという失敗談を話しました。すると意外にも、相手の方も自分の失敗談をいろいろと話してくれました。そのときは、何かその人との間にあった壁が取り払われたような気分でした。リアルな失敗談はコミュニケーションに役立つと身をもって知った、私自身のエピソードです。

距離を近づけたいならまずは共通点

仕事上の付合いでは、いくらお酒の席でも、やはり立場上の関係があります。若かりし頃、無礼講という言葉を真に受けて、失敗した人も多いのではないでしょうか。

そのような仕事上の利害関係者ではなく、真に対等な立場の人とお酒を一緒に飲む機会があります。そんなときは、純粋にこちらも楽しく飲みたいし、相手にとっても楽しい時間であってほしいと思います。特に相手が素敵な女性だったりしたら、相手に「またこの人と飲みに来たい」と思ってほしいものです。

初対面、もしくはそれに近い付合いだったら、効果的な方法として「共通点さがし」がよくいわれます。確かに、人は、自分と似た人間が好きです。これは、人間のＤＮＡレベルでそういうつくりになっているそうです。

ならば使わない手はありません。出身地はもちろん、スポーツ、音楽、映画、家族、車、ブランド小物、ギャンブル、何でもかまわないので、とにかく共通させます。たとえば、出身地が埼玉と神奈川だったとしても、「同じ関東」とか、「お互い東京の隣」とかで括って共通にしてしまいます。

それだけ効果のある共通点ですが、ここにも自分のエピソードが使えます。たとえば、家族の話題で、弟や妹がいると聞けば、「お兄ちゃんとかお姉ちゃんは辛いよね」というのを共通点にして、「子供の頃は、お兄ちゃんっていう理由だけで、いろいろ辛抱させられたよ」などといったエピソードを話します。相手も何か同じ経験を持っているはずですから、その「いろいろな辛抱の話」が共通の話題になって広がっていきます。

コミュニケーションですから、相手もこちらとの共通点を探しているかもしれません。探してもらいやすくするためには、自分の情報をできるだけオープンにすることです。

共通点なら何でもいいのですが、特に「嫌いなモノ」が共通していると親しみがわきます。「何かを嫌う」というのは、どこか自分が人としてよくないような意識を持つからでしょうか。「共通の秘密」もよくいわれることですが、同じ効果がありそうです。

当たり障りのない共通点探しというと、経験上、旅行の話題がまさに鉄板ですね。旅行は、「体験」を共有しやすいからです。たとえば、スポーツや音楽は、嗜好がはっきり出やすく、共通点が探しづらいところがあります。同じスポーツ好きでも、「走るのは好きだけど球技や団体競技は嫌い」という人に、ピッチャーとバッターの駆け引きの醍醐味を話しても、なかなか難しいものです。

しかし、旅行なら、たいていの人が体験しています。行き先は違っても、「見知らぬ土地での戸惑いや、出会った人の人情、笑った出来事」など、旅行した人はたいてい体験しています。相手の経験を現実的に想像しやすいものです。それに、これまで旅行が嫌いという人にも会ったことがありません。

「今まで行った旅先で、最高と最悪の場所は?」そんな話題になれば、聞いても話しても楽しそうです。「旅行なんて今は忙しくて行けない」という人でも、「いつか南の島で泳ぎたい」とか、「世界遺産を見たい」といった憧れを何か持っているものです。

2　聞き上手は、話させ上手

エピソードを「呼び水」に

コミュニケーションのテクニックで、よくいわれるのが「聞き上手であること」です。本来、人の話を聞くというのは、会話における最低限のエチケットですが、それを「上手」のレベルまで持っていくテクニックが「聞き上手」ということです。

自分のことはほとんど話さず、質問攻めにして相手にばかりしゃべらせる人がいますが、これでは聞き上手とはいえません。真正面からの質問だと、相手は答えの範囲が決まってしまいます。会話が広がらず、ただのQ＆Aになってしまいます。本物の聞き上手は、あまりしゃべらない人に、自分から話をさせることができる人です。「あの人と話していると、つい、いろいろなことを話してしまう」と言われるような人です。

そんな聞き上手の人を見ていると、まず自分のエピソードを軽く話しています。会話で出身地を聞いたとして、その土地のことを知らない場合、どんどん突っ込んで質問を重ねたり、無理に話を合わせたりしません。

こんな感じになります。

まずは、質問攻めにしてしまう例です。

【質問攻めの例】

「出身はどちらですか？」

「北海道です」

「そうですか。冬なんて寒いでしょう？」

「ええ。寒いですね」

「雪も多いでしょう」

「はい、多いです」

（しばし沈黙）

「北海道のどこ出身ですか？」

「旭川です」

「旭川といえば旭山動物園ですね！」

「ああ、でも私は行ったことがないんです。地元なのに」

「…」

「…」

一方が質問して、他方が答えているだけのＱ＆Ａになってしまいました。

次は、自分の経験を少し話した例です。


【自分のエピソードを少し話してから質問】


「出身はどちらですか？」

「北海道です」

「そうですか。冬なんて寒いでしょう？」

「ええ。寒いですね」

「僕の出身は北関東ですが、いつも冷たい風が吹いています。だから気温以上に寒く感じるんです。上州の空っ風といったらすごいですよ。自転車であぜ道を走ってるおじいちゃんが風で田んぼに落とされるんですよ。東京の冬なんて暖かいものです。北海道出身の人なんてもっと暖かく感じるでしょう？」

ここで相手は、（確かに関東は風が強いな。私の地元はどうだったろう）と、具体的に思い起こします。

「いえ、そうでもないですよ。確かにこっちは風が強いですね。向こうはいってみれば冷凍庫にいるイメージです。空気はすごく冷たいんですけど、風が強くないので体感温度はこっちとあまり変わりませんよ。いや、むしろ東京は寒く感じます。なぜかと言うと、向こうの人って、室内を暖房ガンガンにして、Tシャツで過ごしてるんですよ。こっちの人は、この程度の暖房でよく寒くないなって思いますよ！」

いかがですか？　この先も話がどんどん広がりそうではないですか？　こちらが自分のエピソードを話すことによって、相手も自分のエピソードを連想できます。

他にも、たとえば恋愛の話題であれば、いきなり相手に質問するのはエチケット的にもよくありませんので、まず自分の恋愛経験を話します。成功談より失敗談のほうが、相手に親しみを与えます。「そのときはつらかったけど、今は笑い話」的な話をすると、相手も自分のことを話しやすい雰囲気になります。自分の話をした後であれば、今度は相手に質問もしやすいし、相手も安心して自分のことを話すことができます。これは心理学的に「呼び水」と呼ばれている効果です。

【図表11 「聞き上手」は、「話させ上手」】

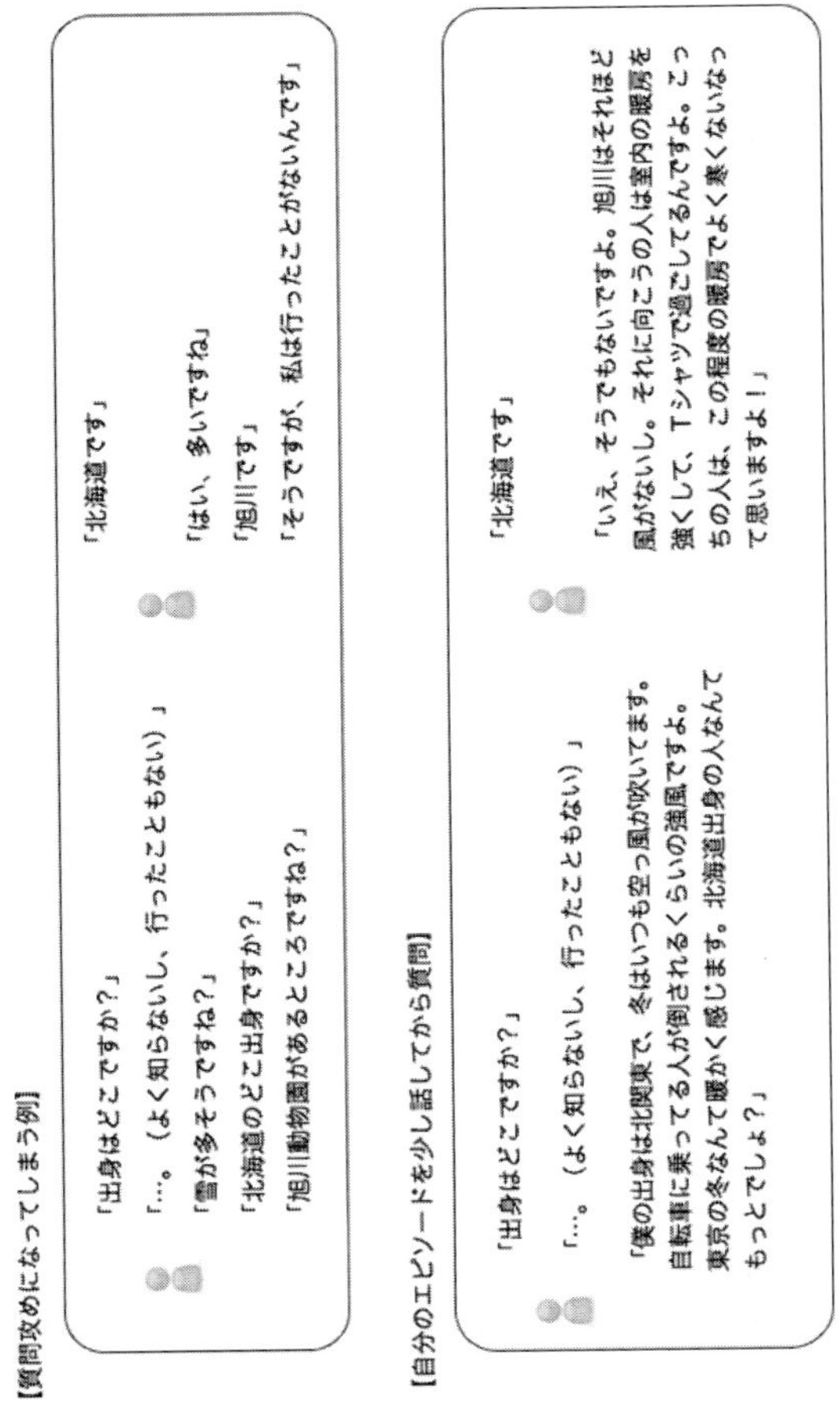

若い頃がんばった部活動も活用できる

中学・高校・大学といった過程で、スポーツなどの部活動をやっていた人は多いと思います。

若者があり余るエネルギーをぶつけて真剣にやることですから、そこには映画や漫画に負けないいくらいドラマチックな実話がいくらでもあります。ユニークな監督が弱小チームを率いて優勝するとか、喧嘩ばかりしているチームが勝利のために一つになるとか、めずらしい話ではありません。

ただ、そんな実話も、その出来事（事象）だけ話しても、相手はあまりおもしろいと感じません。当人はドラマチックでも、聞くほうには意外と感動が伝わらないのが普通です。映画のようにプロの演技もなければ、盛り上げるBGMもありません。

では、聞き手が興味を持つ話にするにはどうするか。それは、相手にも関係あることや役に立つ話をテーマにすることです。

たとえば、聞き手が部下を持つ立場だったら、「弱いチームをどうやったら強くできるのか」「メンバーの思いを一つにするコツは何か」「そのチームはその後も強くあり続けたのか」といったことをテーマに話せば、きっと関心を持ちます。これにドラマチックな結末があるのですから、ちょっとした講演のレベルの話です。

大人になった今、価値がわかることがある

私が高校生だった頃、野球部で三年間ずっと補欠だった同級生がいました。当時の私は、その彼を見て、「試合に出られないのに何で部活を続けているのだろう」と不思議でしかたがありません。さっさと退部して、遊びに行くなり、受験勉強に専念すればいいのに、と思っていました。

でも、大人になった今、そんな彼を本当にすごいと思っています。三年間持ち続けた思いや信念のようなものがあったのでしょう。

春と夏、テレビ中継される高校野球でも、スタンドから応援する部員がテレビに映ります。ベンチにすら入れない彼らにとって、グラウンドで注目を浴びる同級生や後輩の姿は、本当は見ていて辛いものではないでしょうか。それでも笑顔で応援できる彼らの精神力に、私はいつも感心しています。

今の私たちは、ある程度の年齢を重ねたので、世の中が思いどおりにいかないことばかりだと知っています。どこへ逃げても同じことで、結局、苦難を乗り越えなければいけません。うまくいっている他人を羨んだり、時には妬んだりすることもあります。それを高校生が笑顔で乗り切っているのですから、彼らには頭が下がります。相当の精神力と忍耐力です。

そんな経験を持った人の自分史をぜひ読んでみたいものです。

勉強でも同じように活用できる

テーマを工夫する方法は、スポーツなどの部活動だけでなく、勉強したことでも使えます。

大学生のとき、所属しているゼミ室には様々な学部の人たちが出入りしていました。ある先輩が心理学を専攻していて、心理実験や理論を駆使した「女性にモテる方法」を力説したことがあります。そのときの彼を、私を含めたさえない男が何人も取り囲み、尊敬の眼差しで見ていました。これがもし、「フロイトの学説がすごいから、今から説明してやる」などと言われても、誰も聞かなかったでしょう。

先日も、企業で薬品を研究している、いわゆる「リケジョ」の方とお話する機会がありました。彼女は、学生のときに薬学を学んでいます。彼女は、白ワインを飲みながら、「奇跡的な人体の仕組み」という話をしてくれました。

その最初の〝つかみ〟は、「人間の肝臓を人工的につくったら、大型プラント並みの設備が必要なんですよ」です。

私は、若い頃に内臓の大病をしているので、人間の臓器が奇跡的な力を持っていると聞くと、何か安心や期待のような気持ちがこみ上げてきます。グッと話に引きつけられました。

難しい勉強の話でも、こんなふうに一工夫してくれたとたん興味を持てます。そして、そんなすごいことを勉強して身につけている人を、聞き手は「すごい」と感じ、記憶に残ります。ここが鉄板エピソードの醍醐味です。知識をひけらかして周囲の失笑を買ってしまう人と、知識を語って周囲から尊敬を受ける人。それを分けるのは、聞く側に興味があるかないか、言い換えれば興味を引けるかどうかです。

【図表12　聞き手の興味を引けるかどうかのポイント】

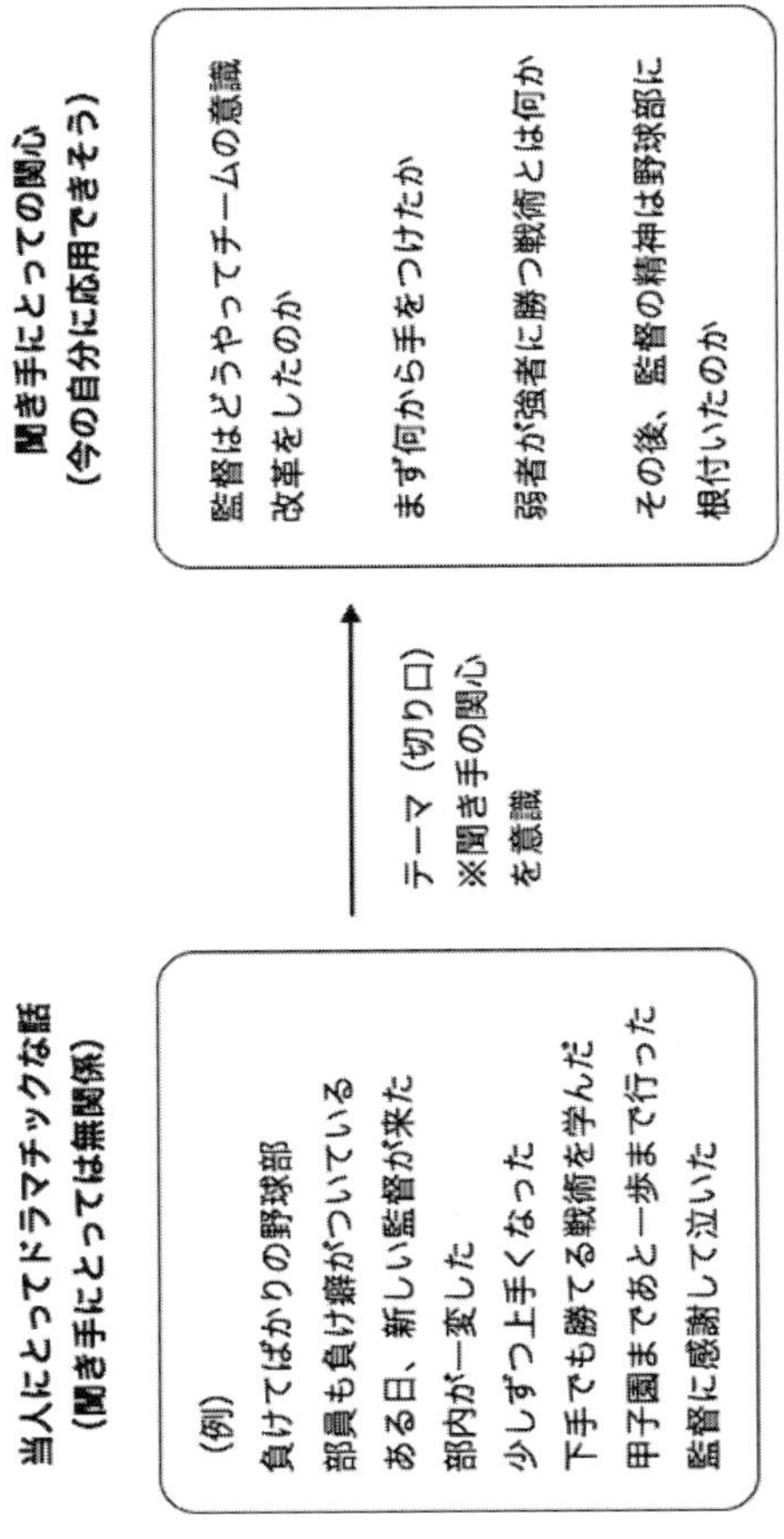
当人にとってドラマチックな話
（聞き手にとっては無関係）
（例）
負けてばかりの野球部
部員も負け癖がついている
ある日、新しい監督が来た
部内が一変した
少しずつ上手くなった
下手でも勝てる戦術を学んだ
甲子園まであと一歩まで行った
監督に感謝して泣いた
テーマ（切り口）
※聞き手の関心を意識
聞き手にとっての関心
（今の自分に応用できそう）
監督はどうやってチームの意識改革をしたのか
まず何から手をつけたか
弱者が強者に勝つ戦術とは何か
その後、監督の精神は野球部に根付いたのか

3　決め手は上手に演出された自分の物語

自慢話・お説教・愚痴にしないために

第2章でも少し触れましたが、人が聞いていて不快になる話というのは、たいてい次の三つです。

- 自慢話（“苦労自慢”も含めて）
- お説教
- 愚痴や悪口

これらは、聞いていておもしろくない話のトップ3です。私がアドバイザーの立場で自分史制作をサポートするときも、この点は特に気をつけています。自分史も、そしてこの鉄板エピソードも、他の誰かに読んだり聞いたりしてもらうことを前提につくる必要があります。

この三つにならないようにしなければなりません。自分のすごさを伝えるのに、「俺はすごい」と言っても誰もそう思ってはくれません。

ところが、複雑な側面があって、これらの「聞いていて不快な話」は、話す側が「聞いてもらいたい」話でもあるのです。本音を言うと、自分のやってきたことを自慢したい、自分の愚痴を聞いてほしい、本気で心配している人にはアドバイスがお説教じみてしまう、誰でもそんな思いがあります。しかし、そのままストレートに話してしまうと、相手に嫌がられてしまいます。

そこでどうするかというと、「物語」にしてしまいます。そして話のオチでは、聞いている相手が、何かを得られるようにしておきます。

その「何か」とは、たとえばノウハウです。まさに今、自分が自慢しているようなことを「どのようにしたら」誰でも経験できるのか、という方法です。言い方を換えれば、“成功の秘訣の伝授”です。

自分も同じようになれる秘訣が聞けるとなれば、聞くほうも全然違った聞き方ができます。自慢話に聞こえるはずの話が、「将来の自分の姿」として聞けるのです。全く嫌味な感じは受けません。

あるいは、笑いを入れても、おもしろく聞くことができます。たとえば、「前半は自慢話かと思ったら、最後に大失敗」というオチがあると、相手にとって自慢話には聞こえません。その逆に、前半を笑える話、たとえば成功を知らないダメな自分という話をしておいて、後半で成功体験を話すなどです。
なかなかダメな自分を話すのは難しいものですが、ここは勇気を出して自分の格好わるい部分をさらけ出しましょう。

【図表13　上手に演出された自分の物語にする】

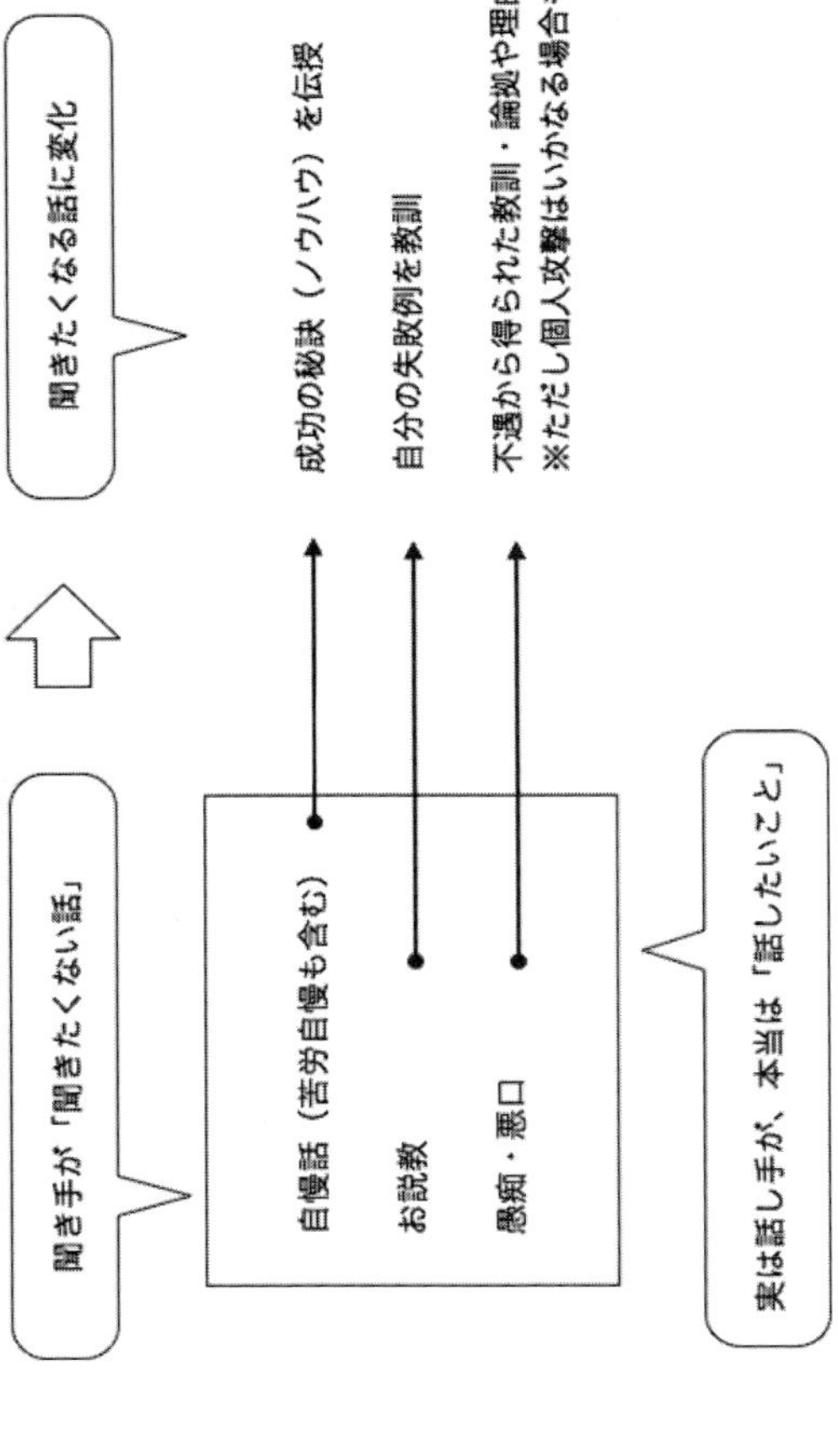

同様に、お説教になりそうな話も、自分の失敗談を盛り込んで、部下や後輩が同じ間違いをしないような教訓とします。愚痴になりそうなものは、不遇な時代をどう乗り切ったのかとか、そこから得た教訓などを話せばポジティブに聞こえます。悪口になってしまいそうなものは、具体的なエピソードを出して理由や論拠を明確にします。ただし、個人攻撃はいけません。これは聞き手にネガティブなイメージを与えるので、話し手自身が損をします。

「ありのまま」がいい

前項の続きですが、成功体験を自慢にならないように伝える方法として、もう一つ「失敗とセットで語ること」も有効な方法です。

今はエリートやカリスマがもてはやされる時代ではありません。昨年流行した曲が象徴するように、今は、「ありのまま」「等身大」の時代です。自分と同じところにいる「身近な普通の人」の話は、自らに置き換えて考えられます。つまり、現実味があります。

そんな普通の人が、「失敗を繰り返し、屈辱に耐えながら、必死でたどり着いた成功」という話であれば、少しも自慢話に聞こえません。才能あるエリートの順風満帆な成功話より、ずっと好感を与えることができます。

「等身大・ありのまま」の人は、ここがすごいのです。

・失敗や屈辱を恐れない

・世間の評判を気にしない

・その結果、挑戦し続けることができる

エピソードの「入口」を増やすだけで話題が増える！

次の第四章で詳しくお話しますが、何か一つ鉄板のエピソードがあったとき、それを何倍も有効に使う方法があります。それが、話の入口（＝切り口）を増やす方法です。

自分の鉄板エピソードを一つ持っていれば、そこにたどり着くまでの入口をできるだけ増やします。その入口の数だけ話題が増えます。

たとえば、「大学受験で国立大学に合格した」ことがエピソードだとしたら、そのまま言っても聞き手にとっては別に興味を引かないので、次のような入口を用意しておきます。

①　**努力の話題（入口）**

子供の頃は勉強が苦手だった↓テストではクラスでビリだった↓恥ずかしかったし、悔しかった↓自分でも諦めていた↓ある先生に出会ってから本気で勉強に取り組んだ↓少しずつ自信がついてきて成績も上がってきた↓努力は才能に勝る（結論）。

②　**自信こそが実力の根源であるという話題（入口）**

もともと勉強は嫌いだった→理由は苦手だったから→学校そのものが嫌いになってしまう悪循環となった→あるとき、国語のテストでよい点を取る体験をした→自信になった→そして国語が好きになった→他の科目も得意になった→大学を目指せるレベルにまでなった→実力をつけるにはまず自信が大事（結論）。

③　**何かを得るためには、何かを失うという話題（入口）**

受験勉強をしている時期→プレッシャーに耐えられず遊んでしまう友達も多い→彼らは放課後遊びに行って高校生活を謳歌している→自分は学校と家を往復しての勉強だけ→その結果、大学の合格と、「やればできると」いう自信を得た→世の中はトレードオフ。欲しいものがあったら何かを我慢する（結論）。

4　自分という人間をブランドに

パーソナルブランディング

これまで見てきたように、自分という人間を他人に伝えるのは簡単ではありません。そもそも自分自身でもわかっていないことも多いのです。

でも、そこまで自分を分析しなくても、「こんなふうに見られたい」というイメージはあると思います。

そこで、パーソナルブランディングという考え方をご紹介します。

ブランディングとは、「自分の強みを生かして他者と差別化すること」です。自分という個人をブランド化して、都合のよいイメージを持ってもらいます。

極端な例ですが、週末の過ごし方の話題が出たときに、「子供と公園に行っている」人と、「皇居の周りを走っている」人、「図書館に行っている」人、「競艇場で勝負している」という人では、相手に与えるイメージが全く違います。

さらに、最初の例でいえば、公園の情景や子供との会話などを具体的に盛り込んで話すと、相手にも臨場感が伝わって、「この人は家庭を大切にする人」とか「誠実な人」というイメージがより相手の心に浸透します。

《参考》自分分析に使うジョハリの窓

自分のことは、知っているようで知りません。経験を棚卸しして、興味、価値観、思考パターン、行動などをわかるようにすれば、自分を知り、人にも伝えやすくなります。

他人とのコミュニケーションを図るときに知っておくと役に立つフレームワークとし

【図表 14　ジョハリの窓】

	自分にわかっている	自分にわかっていない
他人にわかっている	開放 公開された自己 (open self)	盲点 自分は気づいていない 他人から見える自己 (blind self)
他人にわかっていない	秘密 隠された自己 (hidden self)	未知 公開された自己 (open self)

て、「ジョハリの窓」というものを紹介します。

これは、ジョセフ・ラフトとハリー・インガムが共同提案したもので、二人の名前をとって名づけられています。

・「自分にわかっている・わかっていない」という軸

・「他人にわかっている・わかっていない」という軸

・自分にも他人にもわかっているのが『開放』

・自分はわかっていて他人

はわかっていない『秘密』

・自分がわかっていなくて　他人がわかっている『盲点』

・両者ともわかっていない『未知』

過去は変えられる

私がいろいろな人の話を聞いて感じることは、「過去は変えられる」ということです。起きた事象そのものは変えられませんが、その出来事の捉え方や感じ方を変えることができれば、実質的に過去が変わったのと同じようなものです。

30歳のときに脱サラして友人と飲食店を開業した男性がいます。それまで貯金していた４００万円を投資して、さらに地元の信用金庫から借金もしました。友人も同額を出資しました。そして開業。

最初のうちは、もの珍しい店ということで客席も埋まりましたが、徐々に客足が遠のきます。

お客様に受け入れられなくなったわけですから、何か手を打つ必要があったのですが、これがなかなか難しいのです。

まず、自分の店というのはどうしても思い入れが強くなり、自分のこだわりを優先しがちになります。本当は、お客様のことを優先すべきなのに、それがなかなかできません。

さらに悪いことは、共同経営でトップが二人いる状態です。もともと二人の微妙なパワーバランスの上で成り立っていた経営が、変化を求められたときにまとまらない。「指揮官たる一人の愚将は、二人の良将に匹敵する。」と、かのナポレオンの言葉も残っているそうですが、たとえ愚将であっても、命令系統は一つにしないといけません。二人だと、どうしても足して2で割ったような中途半端な施策になってしまい、結果的に三年後にその店は閉店してしまいます。後には借金だけが残りました。

これだけだと、ただの失敗です。おそらくこのときから数年、この男性の記憶の中で、この経験は「失敗」、あるいは「後悔」という引き出しに入っていたことでしょう。

この男性、その後どうなったのでしょうか。結論から言うと、新たに会社を経営していきます。初回の失敗から何かを学んだ彼は、いったん別の仕事をして、わずか三年で借金をすべて返済します。

さらに、再び数百万円の資金をつくって再起業します。まさに不撓不屈。

彼にとって過去の飲食店での毎日は、経営というものをわが身で学んだ貴重な体験でした。その経験は、今、彼の中で「成功への過程」という引き出しに入っています。挫折だった過去が、成功への過程という過去に変わった実例です。

【図表 14 「失敗」の過去が「成功の課程」という過去にかわる例】

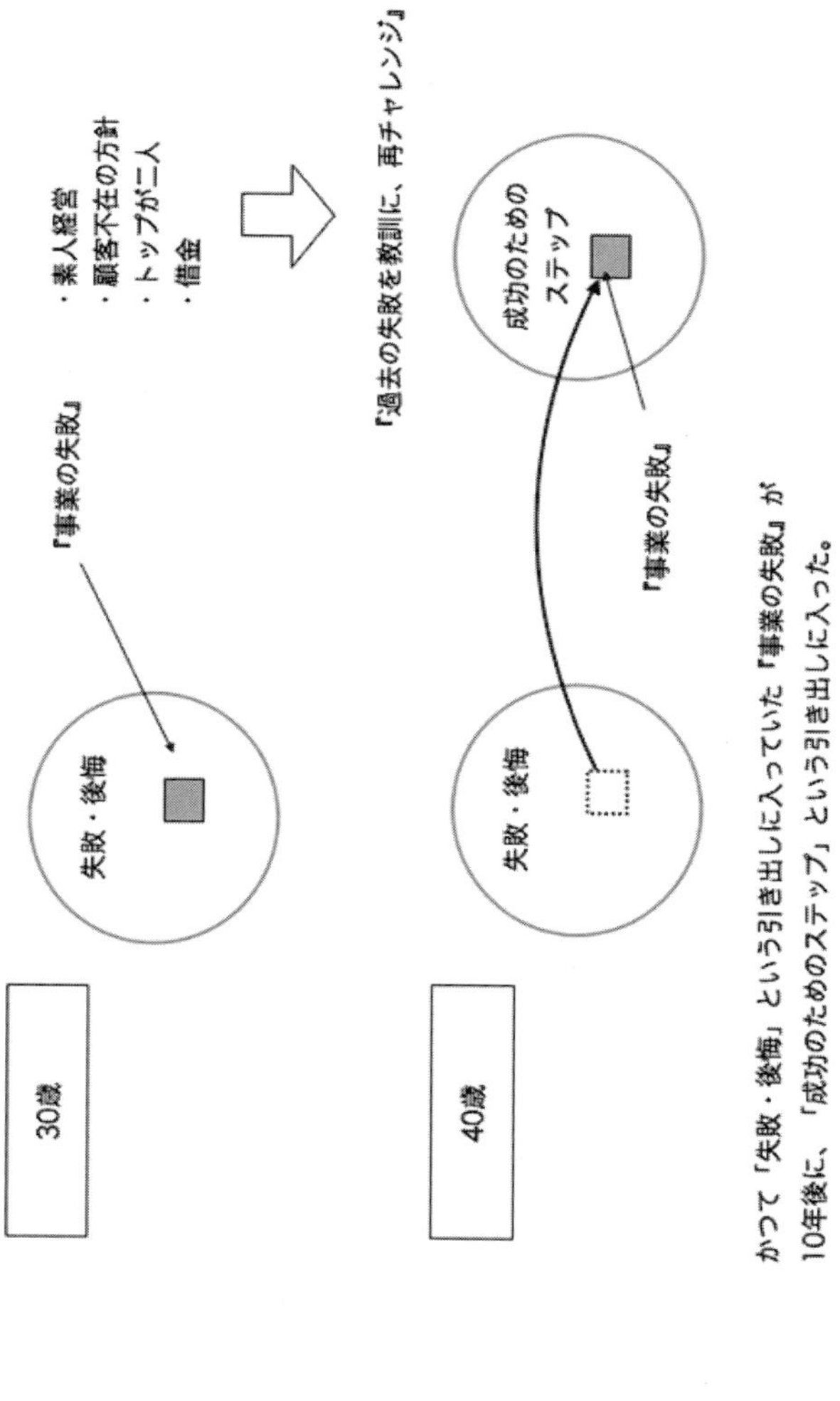

第4章

はずさない・すべらない「鉄板エピソード」をつくる三つのステップ

1　Step1：気軽に素材集め

素材となる出来事を思い出す

この章では、いよいよ自分の「鉄板エピソード」をつくっていきます。つくる手順は、次のたった三つです。難しく考えすぎなければ、すぐにつくれる簡単なものですので、気軽につくってみてください。

【図表16　鉄板エピソードをつくる三ステップ】

Ｓｔｅｐ１：素材集め
・粗年表をつくる
・記憶を呼び起こす五つのキーワード

Ｓｔｅｐ２：物語化
・マインド・マップ
・５Ｗ１Ｈと起承転結

Ｓｔｅｐ３：鉄板エピソードに加工
・切り口を増やす
・話す順番を工夫する

一番最初にすることとは、自分の歴史を振り返ってみることです。特にルールはありません。ルールがあると疲れてしまいます。子供の頃、学生だった頃、仕事をし始めた頃、結婚して夫（妻）となり父（母）となった頃、大まかでいいので現在までを振り返ります。

その前に大事なことですが、これからの

ステップは、頭に描くだけではなく、「書く」ことが必要です。パソコンを使える人は、ワープロソフトなどでもよいですが、できたら紙に書くことをおすすめします。書くことで頭の中を整理できます。

後のステップで「マインドマップ」をつくる工程がありますが、書くという行為は、頭の中を整理できるだけでなく、どんどん記憶やアイデアの連鎖が起きてきます。経験上、鉛筆で手書きすると、記憶が呼び起こされやすい気がします。理由はよくわかりませんが、書いた感じの柔らかさが心地よいからかもしれません。

粗年表をつくる

さて、自分の歴史を振り返る手段ですが、そのためにまずは「粗年表」をつくります。「粗」という字をわざわざ使ったのは、細かいことにこだわらないためです。通常の年表フォーマットは、一番左に「何年、あるいは何月」を書く欄があります。これだと、何か出来事を思い出しても、「何年何月」かがわからないと次に進めなくなってしまいます。

そこで、「何年何月」は無視するか、自分の「○○時代」で書き始めます。記録文書をつくるわけではないので、何年何月にあまり意味はありません。「中学時代」「高校三年のとき」「社会人二年目の頃」、このくらいわかれば十分です。

【図表 17　粗年表の例】

自分の〇〇時代	出来事	経緯	登場人物	時代背景、文化流行、風潮	感じたことや、今への影響
小学校四年生	転校した先で、いい友達がたくさんできた	家の都合で転校せざるを得なかった	席が隣だった子、仲間に入れてくれた子、等	フットベース、ソフトボール	いろいろ心配していたが、友達に恵まれた
中学三年生	受験勉強	行きたい進学校があったので勉強した	先生、両親、友達、家庭教師の大学生、etc	ラジオ深夜放送、少年ジャンプ	頑張るべきときに頑張ると、後で嬉しいという経験
・	・	・	・	・	・
・	・	・	・	・	・
・	・	・	・	・	・
91年	大学卒業・入社	コンピュータの時代が来ると感じて会社選び	ゼミの友人、進路指導、OB	バブル景気の余韻がわずかに残っている	学生時代に見た大人と自分とのギャップがつらい
31歳ごろ	潰瘍性大腸炎で入院	仕事のことと離婚のことでストレス？	当時の妻、上司、友人、会社の後輩		周囲の人たちへの感謝。ストレスや疲労の怖さ。
2003年	転職	キャリアアップしたかったので転職	現会社のOB、転職先の会社の人、相談した上司	本格的なブロードバンド時代、IT長者	転職には勇気が要ったが挑戦してみた
・	・	・	・	・	・

その他のことも、とりあえず細かいことはこだわらずに進めてください。たとえば、小学生〜中学生くらいまでのまだ子供時代、高校生、大学生、社会人になってからの新入社員時代、地方の支社時代、単身赴任時代、販促業務時代、営業マン時代、課長時代、などをどんどん左の欄に書き込んで、ざっくりと出来事を書いていきます。会社や職種を変えたことがあるなら、格好のエピソードなどで書き込んでください。

さらに、書く順番についても、必ずしも時系列でなくてもかまいません。入社5年目の出来事を粗年表に書き込んだ下に入社2年目の出来事が出てきたとしても、今の段階では何の問題もありません。目的は、あくまでも自分が経験してきたことを棚卸しすることです。

※ポイントは、「何年」「何月」を明確に入れなくていいこと。よくわからないところは、空白でもいい。

①「自分の○○時代」と時代背景

おおまかな年代や○○時代を入れていきます。一年単位での正確さは不要です。大きく間違っていなければ大丈夫です。年代を入れると、当時どんな時代だったのかが、何となく思い出されます。

流行や文化、風潮、政策、国際事情など。子供の頃であれば、よく見たテレビ番組とか、読んだ漫画、好きなアイドルなどを書き入れてみると、それに関連してまた新たな出来事が思い起こされます。年中行事や流行った遊びも時代を反映します。特に、仕事を始めてからの出来事というのは、時代背景と何かしらかかわりがあるものです。

次に、私自身を例にして、仕事についてからの時代背景と実際の出来事をあげてみます。これを読んでもらうと、「自分の場合だったらこうだな」というのがイメージしやすくなると思います。

【参考例】時代背景と自分の○○時代の例

ここで参考までに、三つほど「自分の○○時代」と「時代背景」について、私の例を挙げてみます。時代背景がイメージしやすいよう、比較的最近の出来事を例にとります。

例① 営業支援の部署にいた時代

・背景：1990年代。Windows95が発売され、パソコンの一人一台時代が来た。

例② 営業職に転属され、仕事も一人で任されるようになった

・背景：1990年代中後期。インターネットが職場や生活に入ってきた。

例③ もっと大きいシステムを扱いたく、転職を考えた時期

・背景：2000年代初期。定額ブロードバンド回線の普及で、ネットに「つないだまま」

にできるようになった。

時代背景にあることは、どれも今となっては当たり前のことですが、それぞれが当時の業界にとってかなりの転機でした。会社の一員として小さな仕事をしていた私のような若者にも、その波動のようなものが伝わってきた社会の現象です。

それぞれに少し触れておくと、例①より前の時代は、オフィス風景が今とは全く違ったものでした。オフィスにパソコンがなかった時代を想像してみてください。文書は、すべて手書きで、間違えたら修正液を使って、複雑な計算も電卓を叩かねばならなかったのです。パソコンのおかげで、どれだけ生産性が上がったかがわかります。私は、旧式コンピュータが入っている会社に、パソコンを使った新システムに入れ替える提案をして回りました。

例②は、業界最大といってもいいくらいの出来事です。インターネットによって、新しいビジネスがどんどん出現します。とりわけ「○○プロバイダー」という新しい形態の事業者が台頭し、数々のＩＴ長者も生まれました。この頃の私は、そのプロバイダーの一つであるＩＳＰ（インターネット・サービス・プロバイダ）に対して、通信機器を販売したり、サーバと呼ばれる大量データを処理する装置なども含めて、全体的なシステムを販売していました。

個人的に最も印象深いのが、例③です。それまでは、個人宅のネット回線は電話線を使っていました。通信料は電話と同様に使った時間分だけ課金されますから、必要なときにしかネットにつなげません。しかも遅い。それがこの時期、高速通信を安価に定額で使えるサービスが登場したのです。

「データ量を気にすることなく音楽や映像を流せます。私は、「ネットの使い方がガラリと変わる」とワクワクしたものです。流れるデータ量が以前より圧倒的に増えることになりますから、プロバイダー側の設備も比例して大容量化・高性能化させる必要があります。彼らに対するシステム提案は、必然的に大規模案件となり、何社もの競合他社と競争をしなければなりませんでした。

このように、それぞれの時代背景に関連して自分の仕事も、扱う商品（サービス）や顧客も少しずつ変化していったことがわかります。

さらに、それぞれの場面で、具体的にどんな商品を扱っていたとか、どんな人間がかかわっていたとか、いろいろ細かく書き出していくと、エピソードをつくるネタが揃います。

出来事を思い出す五つのきっかけ

次に、メインとなる「出来事」の欄です。これまでに記入した「自分の○○時代」と「社会全体の動き」だけでもいろいろな出来事が思い浮かんだと思いますが、それでもなかなか出来事が書き出せない人は、次の五つをヒントにしてみてください。

きっかけ①「初めての○○」

まず一つ目は、初めて何かをしたときです。初めてチャレンジしたとき、初めて目標を達成したとき、初めて叱られたときなど、「初めて…」を考えてみるとエピソードが浮かび上がってきます。

たとえば、初めて学校のテストでよい点を取ったときとか、初めてデートしたとき、初めて旅行に行ったとき、初めて論文を書いたとき、初めてお酒を飲んだとき、等々。社会人になってからは、初めて営業をしたとき、先輩に叱られたとき、お客様に喜ばれたとき、売上をあげたとき、仕事を認められたとき、部下を持ったとき、部下を叱ったとき、挫折を味わったとき…。

今あげた例に答えていくだけでも、10個以上になります。

きっかけ②「一番○○だったこと」

二つ目は、これまでの自分の生涯で、「一番○○だったこと」です。一番嬉しかった、一番頭にきた、一番辛かった、一番感動した、一番叱られた、一番達成感を味わった等々。これも少し考えるだけで、いくつか思い浮かぶはずです。

フランスの劇作家・マルセル・パニョルという人が、「何を笑うかによって、人柄がわかる」と言っています。一番笑った経験、逆に一番怒った経験というのは、エピソードとして興味深いもので、さらになぜ笑ったのか、なぜ怒ったのか、と考えていくと、また別のエピソードが浮かび上がってきます。

きっかけ③「こだわり」

三つ目は、自分が生涯を通してこだわり続けたもの。これは、自分を知る上で、かなり大きなヒントになります。損得抜きで優先してきたもの、少々のことでは譲らなかったもの、そんなこだわりこそが人間の個性です。職人のこだわり、社長のこだわり、サラリーマンのこだわり。モノであれば、もっと如実に出るかもしれません。

たとえば、バイクにこだわる人、どんなに奥さんと喧嘩しても絶対にバイクを手放さない人など、バイクにまつわるエピソードはたくさんあるでしょう。また、今では嗜好が変わったけれど、「あの当時、なぜあんなモノにこだわっていたのだろう?」という話でも、おもしろいエピソードが浮かんできそうです。

第5章で詳しくお話しますが、具体的にどこにこだわりがあるのか、それがなかったら自分はどうだったのか、などということを突き詰めて考えていくと、自分の「好きなことの本質」が見えてきます。

きっかけ④「大きな買い物」

四つ目は、何にお金を使ってきたかです。「お金の使い方でその人間がわかる」という人さえいるほど、何にお金を使うかは人によって違いが出ます。

私の周りの男性であれば、家はもちろん、車やバイク、飲み代（付合い）、ゴルフや旅行といったところです。ホームシアターなどのオーディオ関連も多いですね。音楽レコードを３、０００枚持っている人もいました。腕時計などの持ち物にお金をかける人もいます。ちなみに私は、若い頃に海外にスキューバダイビングによく行っていました。今だから笑えるような旅先での失敗エピソードもたくさんあります。

きっかけ⑤「印象に残っている人や言葉」

最後の五つ目は、「出会った人」、「あの人が言った一言」です。

子供の頃に言われた親や先生からの言葉というのは、意外に覚えているものです。他に大人を知りませんから、彼らの言葉が大きな影響力を持って頭に入ってきたのでしょう。今でも心に大切に留めている大事な言葉もあれば、「ずいぶんといい加減なこと言ってたんだな」と、今さらながら当時の大人に文句の一つも言いたくなることもあります。

時代を経て、学生時代の友人や恋人から言われた一言や、さらに後年、上司や部下から、奥さんから、子供から、いろいろな一言が、あなたの記憶に残っていると思います。その言葉がどんなシチュエーションで発せられたのか、その経緯や因果関係などが、エピソードのいい素材になります。

【図表18　記憶を呼び起こす五つのキーワード】

① 初めての○○

何かを「初めて」したときのこと

② 一番○○だったこと

楽しかった、怒った、悲しかった、感動した　etc.

③ こだわり

「これだけは譲れない」と思ってきたことは、自分の本質を知るヒント

④ 大きな買い物

これまでの人生での高い買い物

⑤ 印象に残っている人や言葉

本来、人間は、忘れる動物。印象に残っているのは、何か理由があるから

成功体験と同じくらい大事な「失敗体験」

大事にしてほしいのが、「失敗の経験」です。

経験を書き出すという作業をしていくと、心情的にどうしても物事がうまくいった経験ばかりを書きたくなります。

しかし、失敗や苦悩というのは、それと同等か、むしろそれ以上に貴重な経験です。長い人生、小さな失敗もあれば、大きな失敗もあるでしょう。当たり前ですが、間違いを起こさない人は、世の中に一人もいません。誰でも必ず少なからず失敗をしています。もちろん、私にも、今、思い出すだけでぞっとするような失敗があります。今だから笑って話せる失敗もあります。まさに格言のように、成功の元になった失敗もあります。

何より、他人の失敗談は、聞いていておもしろい。相手をこちらの話に引き込むにはもってこいです。十分に引き込んでから、言いたいことを言えばいいのです。恥ずかしい失敗を最初に話しておけば、後から少々自慢話をしても相殺できます。相手も自分の失敗談を話したりして、どんどん打ち解けていくことでしょう。

なかなか最初は、失敗を意識的に思い返したり、ましてや書き出したりするのは、抵抗があるかもしれません。ですが、この粗年表の時点では、まだ他人に見せたり話したりするものではありませんので、ちょっと恥しい失敗であっても安心して書いてください。

登場人物

次に、登場人物です。

粗年表に書き出してもらった出来事一つひとつのシーンで、そのとき、周りには誰がいたのかということも、ぜひ思い出してください。

その際、固有名詞まで思い出して書き出していくと、これからエピソードをつくっていくときに進めやすくなります。たとえば、「取引先の部長」とか「お客様」というのではなく、なるべく「株式会社○○工業の管理部長○○さん」といった固有名詞で思い出し、書いていきます。

なぜ、固有名詞を書いていくといいかというと、そのときの状況がよみがえりやすいからです。その出来事に関連した記憶や出来事が次々に想起されます。さらに、固有名詞で書いていくと、現実感が出るので、当時の自分の心境も呼び起こされ、その出来事が自分にどんな影響を与えたのかを考えやすくなります。

その出来事の経緯

次は、「なぜこの出来事が起きたのか」という経緯です。そもそも発端は何か、伏線となるような出来事があったのか？　といった、この事象が起こるに至った原因です。

この「なぜ」という問いは、これから鉄板エピソードをつくっていくにあたって大事になってきます。ある事象について、「なぜ」を面倒がらずに三回くらい繰り返し考えていくと、本質的なことが浮かび上がってきます。

たとえば、粗年表に書いた出来事が、「お客様との間で大きなトラブルが発生し、その対応と謝罪で半月以上を費やした」だとします。そのトラブルがなぜ発生したのかを書き出します。納めた商品の不具合（動作不良など）であったり、人為的なミスであったり、そもそもの仕様だったりすることもあるでしょう。

経験上、お客様との関係をこじらせてしまう原因の多くは、納めた商品の不具合よりも、人的な対応や運用体制の問題が多いものです。これも「なぜ」を繰り返すことによってたどり着きます。

「なぜお客様との間でトラブルが起きたのか↓システムにエラーが発生した↓なぜエラーが起きたのか↓技術的な原因で仕様上どうしても起こり得る↓起こり得ることなら、なぜその回避体制を取っていないのか↓低い発生率に対して人員やシステム増強などの投資ができなかった↓では、なぜ他の方法が取れなかったのか…等々」どんどん深く掘り下げられていきます。

もうこの時点で、あなたの経験が一つのノウハウになっていることにお気づきでしょう。

成功体験の事例であれば、こんな感じです。

「大型案件を受注した↓なぜ受注できたのか↓競合他社よりもよい提案ができた↓なぜ、それができたか↓顧客が真に求めていることや予算感をつかめた↓なぜ、自分たちにできて他社にできなかったのか↓普段から顧客との関係ができていたし、グループ全体の協力や情報収集の成果だった…」等々。この後も顧客との関係づくりの詳細や、どうやって良質な情報を得ることができたか等を具体的に書き出していけば、「単発的な経験」が「普遍的なノウハウ」に変わります。

そのときに感じたことと、今の自分への影響

最後に、最も重要な項目、「その出来事がもたらした心境の変化や、得られたこと、そして今の自分への影響」です。

たとえば、出来事が成功した経験であれば、今の自分に与えた影響としては、「その成功体験が自分の可能性に気づかせてくれて、キャリアアップを考えるきっかけになった」などが例として考えられます。

逆に、失敗した経験であれば、そのときの反省した心境、その失敗を経て、二度と起こさないために改善した習慣などが考えられます。

【図表 19　粗年表をつくりながら過去のエピソードを気軽に思い出す】

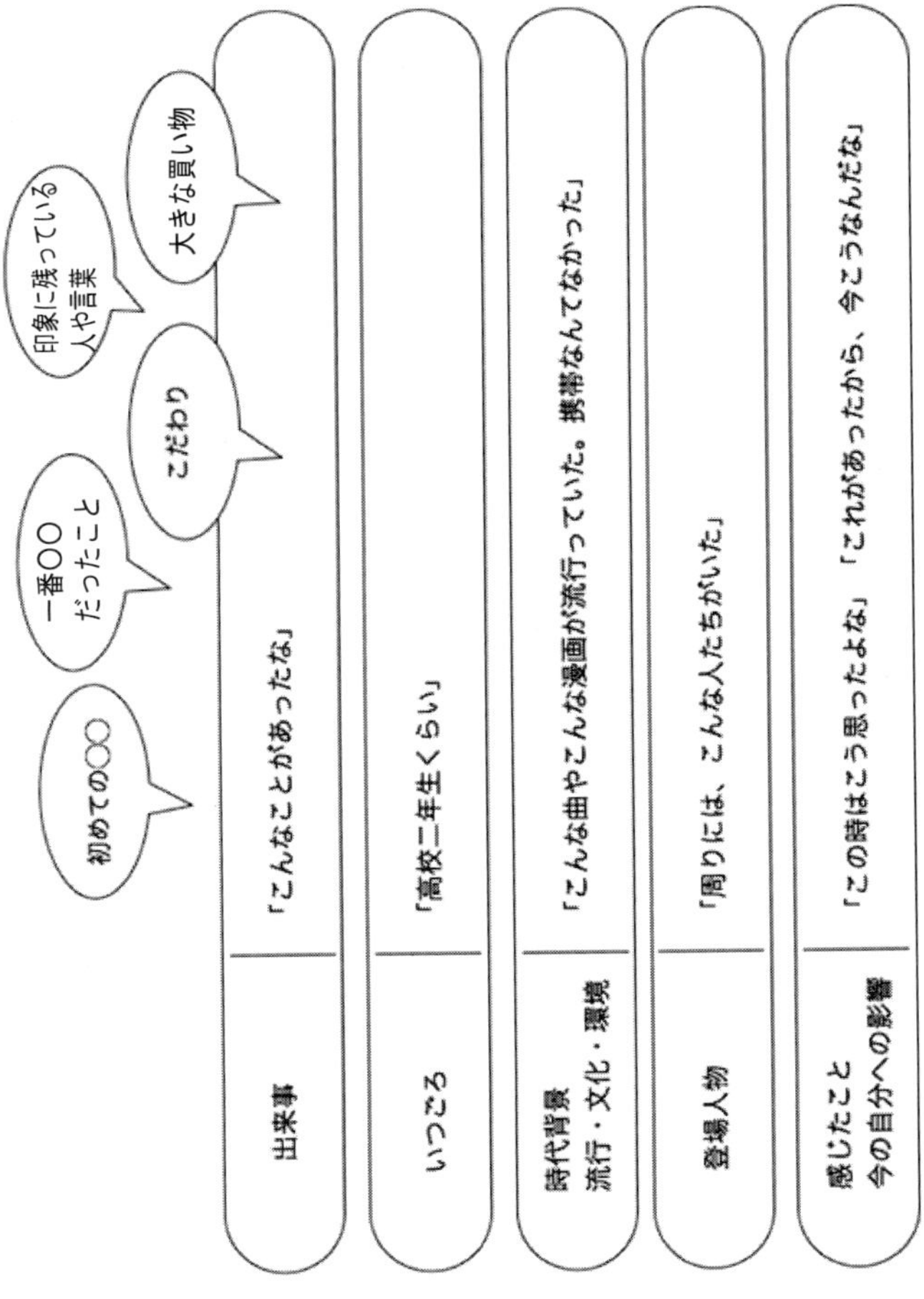

この部分は、これからつくる鉄板エピソードで、自分が伝えたい本質的なこととして使います。後ほど説明しますが、起きた事象そのものを言いたいことにするのでなく、それによる心境の変化や、それが自分に与えた影響をメインテーマにすることで、「たいして驚きのない出来事」が、相手の「心に響く物語」に変化します。

それこそが、自分の経験をいろいろな場面で活用するという、本書の目的です。さらに、語るエピソードを生き生きしたものにするため、言い換えれば「生身の人間が、この物語の主役」であることを相手に実感させるためにも、この心境の変化と自分への影響は大切に使います。

2 STEP2：出来事を物語にする

出来事のクライマックスを使って、「言いたいこと」を際立たせる

粗年表が書けたら、次は、その出来事を物語にします。

ところで、そもそも物語とは、何でしょうか。ざっくり言ってしまえば、「5W1H」があって「起承転結のような構造」があることです。

「５Ｗ１Ｈ」も「起承転結」も両方とも物語の基本ですが、そういった言葉を聞いただけで、つくる気が失せてしまう人もいるかもしれません。

でも、ご安心ください。本書は、「いい物語をつくること」が目的ではありません。これからつくろうとしている鉄板エピソードは、最終的には人に話すことを前提にしています。では、なぜ、わざわざ手間をかけて物語化することが必要なのでしょうか？

物語にすることとは、次の三つのメリットがあります。

・話のオチ（笑わせるという意味ではなく、話がおさまる所）をつくっておける
・どこにクライマックスが来るか、ポイントかをつかんでおける
・いつでも、どこでも、誰とでも使えるように整理しておける

様々な場面で、このエピソードを有効に活用できるように準備するのですが、そのために物語化します。このステップでは、過去の出来事を「物語化」する手法をご紹介します。

５Ｗ１Ｈ

まずは、５Ｗ１Ｈです。これは、基本中の基本です。ご存知の方も多いでしょうが、「Ｗ」と「Ｈ」は、次の英単語の頭文字をとっています。

・Ｗｈｏ　：誰が（主人公や登場人物）

・When ：いつ（○○時代や、○○だった頃というレベルで十分）
・Where：どこで（学校、公園、会社、旅先など）
・What ：何を（起きた出来事）
・Why ：なぜ（その出来事が起きた経緯）
・How ：どのように（ここが具体的なエピソードを形づくる）

これらの英単語のほうを覚える必要はありません。5個の「W」と1個の「H」を指して5W1Hと呼ぶ、という程度で十分です。大事なのは、これらの要素をこれからつくるエピソードに入れ込んでいくことです。

文章であれば意識している人でも、会話の場合だといい加減になってしまいがちです。会話であれば、話しているほうは相手の表情がわかりますし、相手もそのつど確認や質問ができるからです。

しかし、たとえ会話であっても、相手が「この人は話が上手い、説明が上手い」と思うように、今の段階で鉄板エピソードを物語化して、しっかりと準備しておきます。

この5W1Hは重要ですので、物語化する上ではもちろん、最終的に誰かに話すときにもこれを意識することをおすすめします。要領を得ない話をして、相手から「何で？」とか「話に主語がない」などと言われてしまう人がいます。本人は、興奮しながら長々と話

【図表 20　５Ｗ１Ｈ】

5W1H	
出来事	（例）潰瘍性大腸炎で入院
いつ	（例）30歳～31歳ごろ
どこで（話の舞台）	（例）職場、職場近くの病院
誰（登場人物）	（例）妻、会社の同僚・上司・後輩、社外の友人
何があった	（例）潰瘍性大腸炎という病気にかかり、一ヶ月の入院。
なぜ（経緯）	（例）仕事と家庭のストレスと疲労。食生活。睡眠不足。
どんなふうに	（例）腹痛・疲労感。職場から病院に駆け込んで即入院。

しているのですが、全く相手に伝わっていません。そんな人は、この５Ｗ１Ｈを意識するだけでも効果を実感できます。

要点がすっきりとして、伝わりやすい話ができるようになります。

マインドマップ

ここからは、実際に粗年表に書いた出来事を物語化していきます。

まずは、頭の中で考えていることを整理します。整理することによって、話の要点やつながりがわかります。これをしておくと、「話が長い割に何を言いたいのかわからない」ということを避けられます。話をしていて、あちこちに飛んで話の収集がつかなくなってしまうことがありますが、事前に整理されていないとそうなってしまいがちです。

話すことや書くことを、頭の中を整理するための簡単で有効な方法が、マインドマップです。マインドマップとは、イギリスのトニー・ブザンという人が提唱した思考法で、アイデアを発想したり整理するのに適しています。

といっても、あまり難しく考えず、頭に思い描いたことをどんどん紙に書き出して、関連するものを線で繋ぐだけでいいと思ってください。とにかく、せっかく頭に浮かんだことを、「そのまま頭の中で消してしまうことだけは避ける」というのが目的です。

　頭に浮かんだら、とりあえず書く。やってみるとわかりますが、自分が書いたものを見ていると、「次の何か」が浮かんできます。それをまた書く。そして前に書いたものと線でつなげる。頭の中からいろいろなものが湧き上がり、どんどん整理されていきます。

【図表21　マインドマップの例】

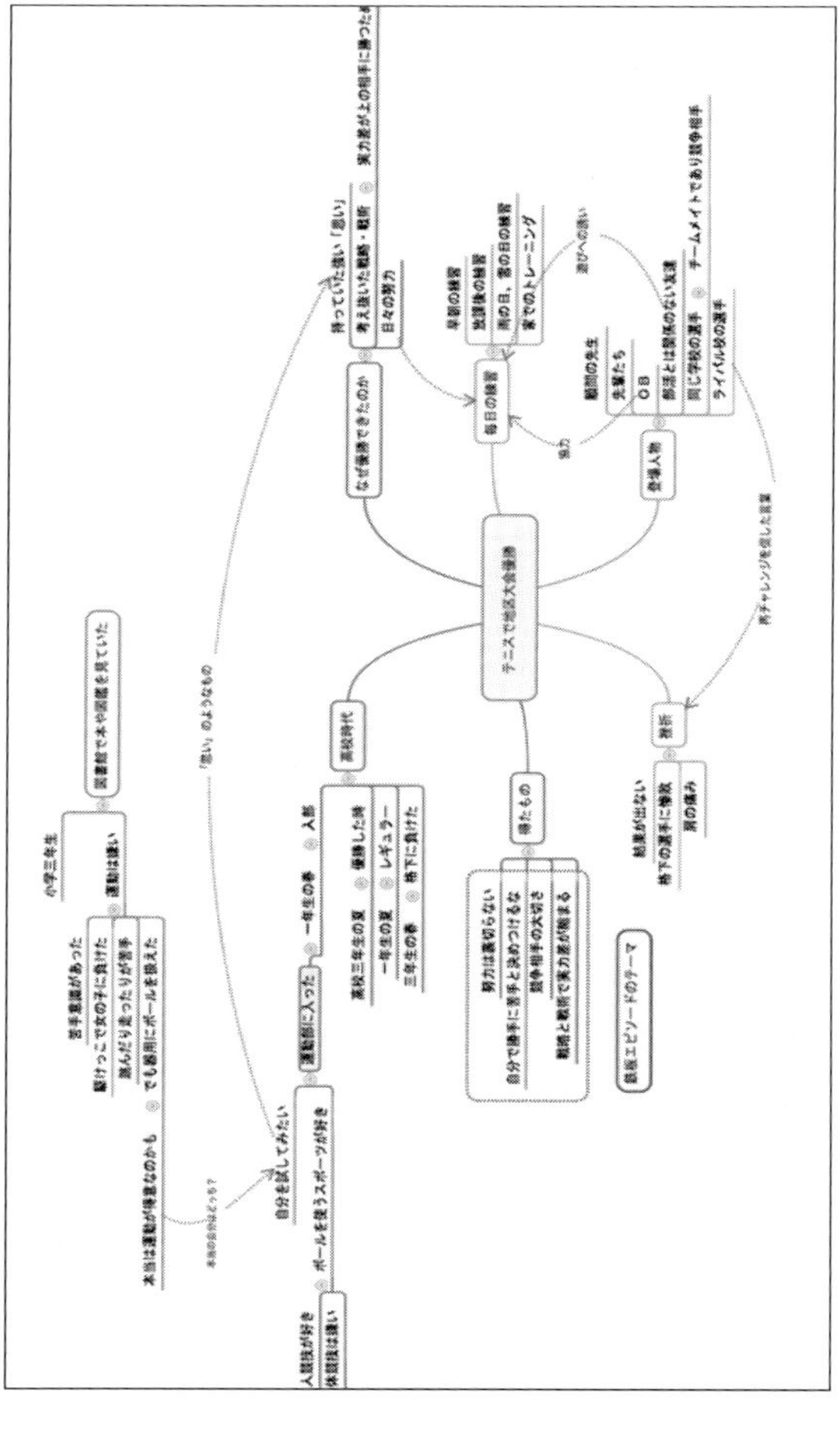

マインドマップは、図表21のように中心から放射状に広がっていきます。これは、思考をそのままビジュアル化しているからです。

では、具体的に説明します。

① 中心になること

ここから始まります。「何について考えるか」が中心にきます（図表22）。

今は、出来事を物語化することなので、中心に出来事を持ってきます。すでに決まっていれば、一番伝えたいこと（あなたのメッセージ）を中心にしても、もちろんかまいません。

【図表22 中心になることの例】

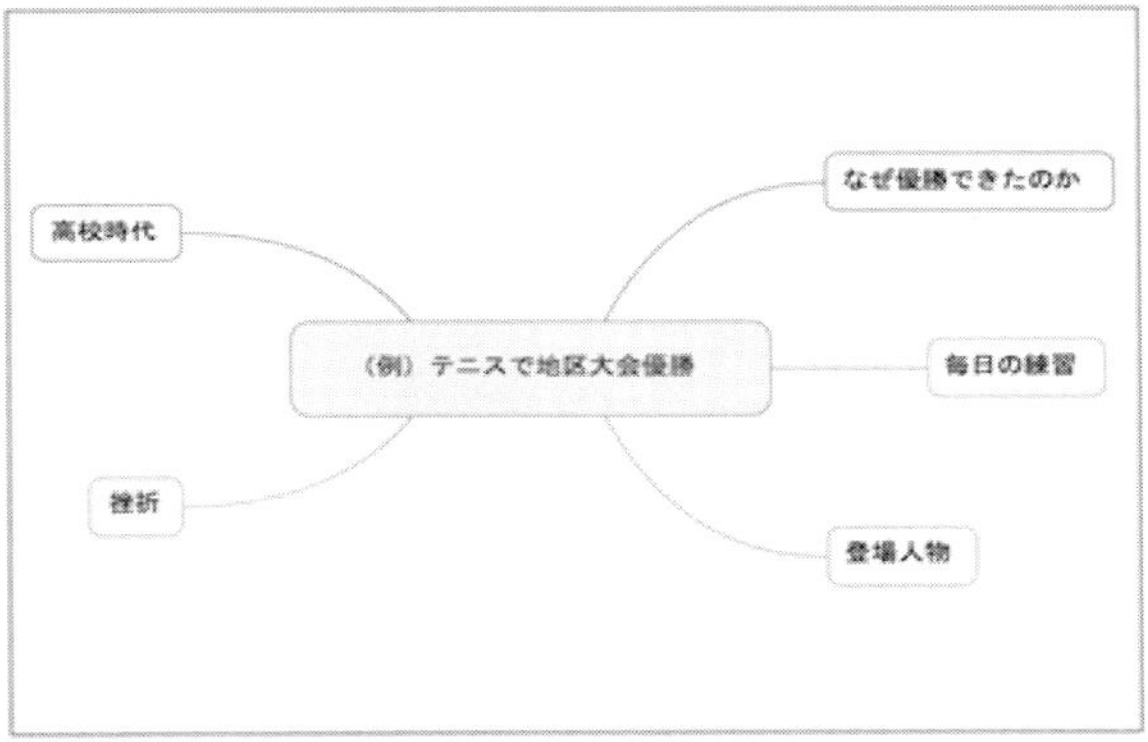

② 中心から伸びる太い枝

これから先、多くの枝が放射状に伸びていくわけですから、最初に伸びる枝はある程度の太くある必要があります（図表23）。

太さとは、言い換えれば「大項目・大分類」のようなものです。わかりやすいのは、最初に説明した５Ｗ１Ｈです。

【図表 23　中心から伸びる太い枝、細い枝の例】

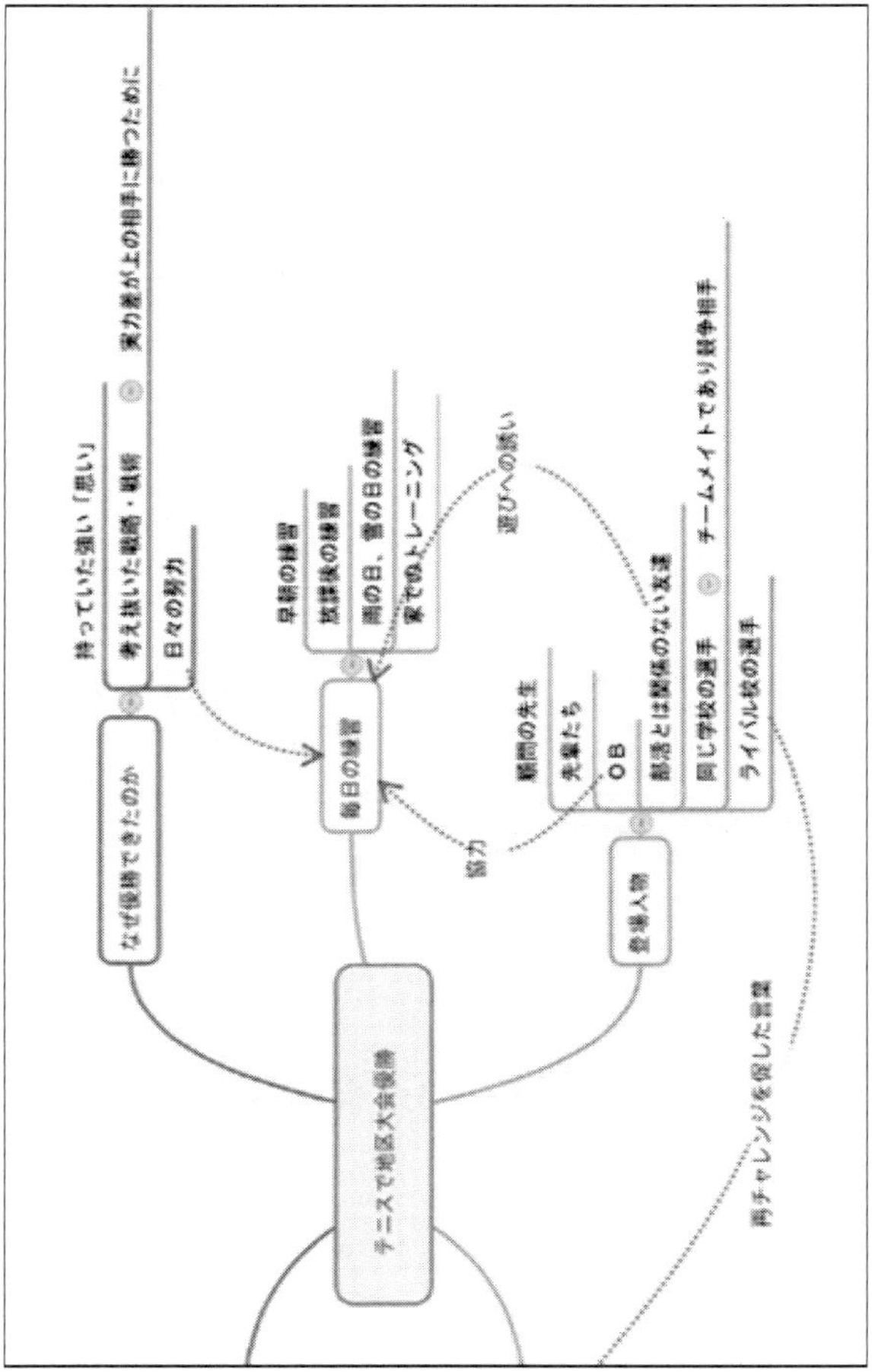

③ それぞれから伸びる細い枝

太い枝が伸びたら、そこから細い枝を伸ばしていきます。

別々の太枝から伸びた細枝が、関連してつながることもあります。

粗年表に書いた出来事が、別の出来事とつながることもある

たとえば、「高校時代、部活動のテニスで地区優勝した」という出来事があったとします。

一方で、「子供の頃、図書室で本や図鑑ばかり見ていた」という出来事があり、一見すると無関係のようです。それがマインドマップでつながることもあります（図表24）。

［出来事①］（例）**高校時代、部活動のテニスで地区優勝した**

・なぜ優勝できたのか？→強い「思い」のようなものがあった。

・「思い」とは何か？→自分を試したい。どこまでやれるか知りたいという思い。

・戦って勝ち負けを決めるということは、自分に向いてないと思っていた。

・小学生の頃は、運動が苦手だし嫌いだった。

※この高校生のときの出来事①が、次の小学生時代の出来事②とつながります。

［出来事②］小学生時代、図書館で本や図鑑ばかり見ていた

・外で遊ぶのは嫌いだった。

【図表 24 出来事がつながる例】

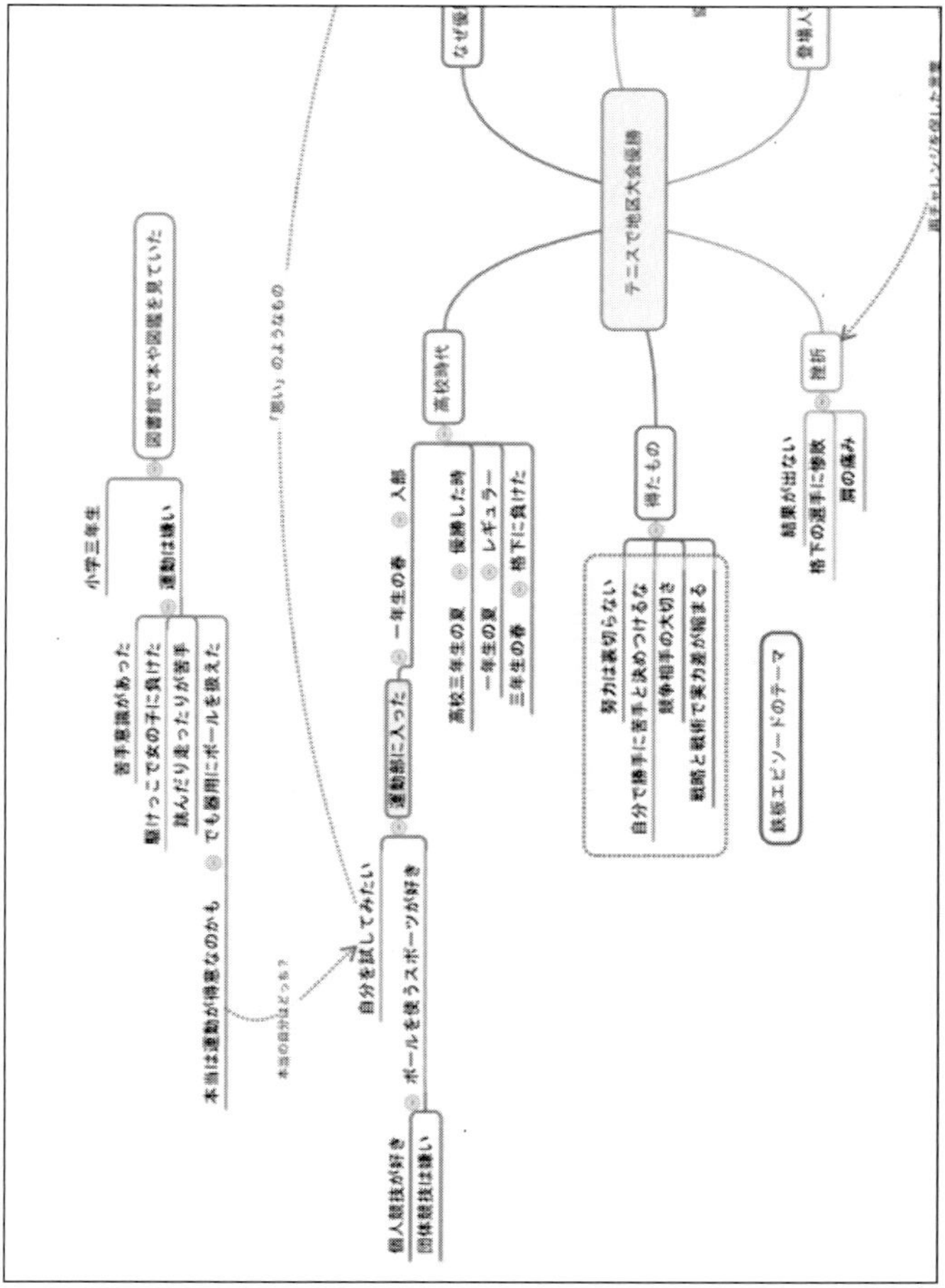

・なぜ外で遊ばなかったか↓運動が苦手だし嫌いだった。
・駆けっこや幅跳びで女の子にも負けていた。
・運動会で活躍する子は雲の上の存在。
・しかし、どこかで自分にもできるという思いもあった。

［出来事①］と［出来事②］が、マインドマップ上でつながりました。

高校時代のスポーツでの成功体験は、その10年前の小学生時代、スポーツへの憧れやコンプレックスにルーツがあったことがわかります。そこから物語は始まっていたのです。「苦手意識は自分を信じていないから」とか、「努力は報われる」といった言葉を、実体験で裏づけられる物語です。

物語の原型、マインドマップはノートに手書き

繰り返しになりますが、このマインドマップは、自分の経験した出来事を筋道立てて整理する大事な工程です。その出来事は、どんなときにどこで起きたのか、何が原因で起きたのか（何か伏線があったのか）、どのように起きたのか、などです（図表25）。

また、その事象を主観でなく、客観的な視点で見ることができます。これらは、最終的に「鉄板エピソード」として、他の誰かに聞かせる話です。この「客観的視点」は、相手

【図表 25　マインドマップ手書きの例】

にどう伝わるかということを理解しておくのに有効です。

なぜかというと、いろいろなきっかけからこの「鉄板」の話に持っていって、会話で与えられた短い時間の中で「話のツボ」を伝えることができるからです。ここでつくったものは、その原型です。もちろん、私も本書を書くときには、マインドマップをつくりました。ノートに手書きしています。

起承転結・序破急

次に、「起承転結」「序破急」という、物語の構造をつくる手法を紹介します。

文章作成を学ぶことが本書の目的ではありませんが、知っておくとエピソードの要点やポイントを把握しやすくなります。もし、難しく感じたら、ここは読み飛ばしても大丈夫です。

これらの手法は、子供の頃に学校で習ったことなのですが、ビジネス文書や論文に向いていないせいか、大人になるとめっきり使うことがなくなってしまいます。ビジネスシーンでは、文書でも口頭でも、まず結論が求められるからです。

しかし、鉄板エピソードの原本づくりには、この起承転結や序破急が適しています。四コマ漫画や童話のように、簡潔でリズムがある物語は、やはりこの形です。

① **起承転結**

《起》：物語の始まりやきっかけ。何の話をしているかという、周りの人間を自分と同じ土俵に乗せるための状況説明のフェーズ。一般に「つかみ」といわれる部分。

《承》：次の「転・結」への仕込みをするフェーズ。具体的な話をどんどん入れ、相手に予備知識を与えておく。

《転》：前段で説明してきたことに変化が訪れる。クライマックス。

《結》：結果や結論。昔話や童話でいえば「めでたし、めでたし」で終わったり、あるいは何か教訓のようなものを与えてくれる。

② **序破急**

起承転結の４部構成に対して、序破急は「序論」「本論」「結論」の３部構成になります。

《序》物語の大まかな設定。これから話すことの「さわり」。相手を引き込む。

《破》実際の出来事。クライマックス。

《急》言いたいこと、伝えたいこと、感動やすっきり感、教訓などを与える。

粗年表に書いた出来事を起承転結にしてみる

実際の会話で「鉄板エピソード」を使うとき、起承転結や序破急のとおりに使うケースは、実はあまり多くありません。まず、相手の関心を引きつけるために、「転・結」から入って、後から「起・承」で補足することが多くなります。前半を省略して「転・結」だけ話したりすることもあるでしょう。会話は、キャッチボールですから、その場に応じて臨機応変に対応する必要があります。

それでも、起承転結や序破急で物語化して、全体像を把握しておくことは大事です。そもそも全体が見えていなければ、どこがクライマックスで、結局自分は何を言いたかったのか（どこが転なのか結なのか）わからなくなってしまいます。単純に起きた事象を時系列で話すだけでは、聞いているほうも退屈してしまいます。

さて、この起承転結・序破急ですが、「勉強したはずだけど、昔のことなので忘れてしまった」という人も多いと思いますので、少しおさらいしておきます。

例を見てみるとわかりますが、何も難しいことはありません。

童話による起承転結の例

童話の起承転結がわかりやすいので、典型的な二つのストーリーを例にしてみます。

まずは、イソップ物語の「ウサギとカメ」です。

起：ウサギとカメが駆けっこ勝負をすることになる。

承：まず、ウサギは、カメを大きく引き離して快走。
転：勝利を確信したウサギは、ゴール手前で寝てしまう。
結：ウサギが寝ている間に、カメが追い越してゴールイン。

次も、同じくイソップ物語から「アリとキリギリス」です。

起：働き者のアリと遊び人のキリギリス。
承：夏の暑い日、アリは、やがて来る冬のためにせっせと働く。一方のキリギリスは、働かずに歌って過ごす。
転：冬が来て食べるものがなくなる。アリには夏の間に蓄えた食糧があるが、遊んでいたキリギリスにはない。
結：アリは暖かい家と蓄えた食糧で生きるが、キリギリスは飢えて死んでしまう。

これらの童話の例は、読む人に教訓を与えています。前者の「結」は、ウサギのように過信や油断は禁物、そしてカメのように歩みは遅くとも着実に進むのが大事というように、二通りの解釈ができます。一方、後者の例は、働くことの尊さや、危機への想定や準備の大切さを教えてくれています。

どちらの例も、ストーリーの序盤で状況や登場人物の個性や立ち位置を決めておき、クライマックスで前半の状況を覆して、最後にオチが来る形です。こうして見ると、「起・承」

【図表 26　起承転結のルール】

起承転結	
起	物語の始まりやきっかけ。何の話をしているかという、周りの人間を自分と同じ土俵に乗せるための状況説明のフェーズ。つかみ。
承	次の「転・結」への仕込みをするフェーズ。具体的な話をどんどん入れ、相手に予備知識を与える。
転	前段で説明してきたことに変化が訪れる。クライマックス。
結	結果や結論。むかし話や童話でいえば教訓など。映画でいえば感動やすっきり感。

は、「転・結」のためにあるということがわかります。

私たちがこれからつくるエピソードにもその手法を使って、「起・承」が「転・結」の伏線になるように考えます。

物語にした基本形と話すときの順番を入れ換える例

簡単につくるコツは、あまり考えすぎないことです。気楽に楽しみながらつくってください。

（ストーリー）

成績も能力も普通以下の平社員が、ある商談をきっかけに自信をつけ、今では有能と呼ばれる部長に昇進したというエピソード。

（基本形・時系列）

（起）彼は、オフィス機器を扱う営業マン。目の前の仕事をこなすだけの日々。

（承）遅刻は当たり前、飲みに行けば愚痴ばかり。顧客から担当を替えろと言われたことも一度や二度ではない。唯一、ある会社の資材部長からは気に入られ、注文を定期的にもらっている。

（転）あるとき、その資材部長と進めていた商談が、思わぬ大規模案件となる。会社の内外から関係者が絡んできて混乱状態。競合他社も話を嗅ぎつけ、参戦してきた。「普段お世話になっているこの顧客だけは他社に譲れない。そして、納品後も自分がしっかりとフォローしたい」―その一心で関係者をまとめ上げ、他社を退けて受注にこぎつけた。

（結）この一件が社内で評価され、彼自身の自信にもなった。それ以来、大型商談があるとプロジェクトのマネジメントを任されることが増えた。やがて部下を持つ立場となり、会社生活がガラリと変わった。

（人に話すエピソードにしたときの例）

・今でこそ優秀と評判の高いあの部長も、若い頃はダメ社員だった。
・向上心もない、遅刻は多い、サボってばかり。顧客から出入禁止を食らったことも。
・でも、ある大規模な商談をきっかけに、ガラリと変わった。
・その秘訣は、「何より顧客のことを第一に考えること」。それが自然にリーダーシップとなっている。

この例は、フィクションですが、一つひとつ考えていくと、それぞれのパートにもっと盛り込んだらおもしろそうな話を思いつきます。

特に「承」のところは、「転」を迎える前はどんな状態だったのかを、いくつもの具体的な話で表現すると、「転・結」が引き立ちます。

（前述の例で承のエピソードを増やしてみた場合）

報告は適当、ノルマへの責任感もない、仕事のミスも多い。営業をサボって喫茶店で週刊誌やスポーツ新聞を読んでいることなど日常茶飯事。夜は、居酒屋で上司の悪口を言うのが楽しみ等。そんな話を盛り込むと、後半とのギャップができ、「転・結」が引き立ちます。

見えてくるテーマ性

また、起承転結や序破急で物語を考えていると、その過程でテーマのようなものも見えてきます。たとえば、今の例でいうと、リーダーシップを主題にして、こんなふうにまとまりそうです。

「周囲の利害関係者に惑わされることなく、とにかく顧客のためを考えて仕事をすれば、それが自然とリーダーシップとなる」。

これが実体験に裏づけされた、この主人公だけの「リーダーシップ論」です。自分の実体験が反映されているオリジナルですから、絶対の自信が持てます。この物語が、彼の鉄板エピソードであり、ノウハウです。本やネットで聞きかじった表面だけのノウハウにはない重みがあります。

さらに、お気づきの方もいるかと思いますが、このエピソード一つで、リーダーシップ論の他にもテーマの切り口が見えます。「たった一つの成功体験がダメ社員を優秀な管理職に変える」とか、「一時の行動で、簡単に烙印を押してはいけない」とか、「地位が人をつくっていく」といった切り口も見つけられます。これはまた後半で詳しくお話します。

プライベート編

プライベート編もつくってみました。

(起) 今の妻と結婚する前、学生時代から交際していた女性がいた。

(承) 彼女にプロポーズして、式場も予約し、親戚に招待状も送付した。

(転) ところが、式の直前で婚約者にドタキャンされてしまった。自分のショックだけでなく、両家や友人を巻き込んでの騒動で、心身ともにボロボロになってしまった。

(転) そんなとき、自分を励ましてくれた仲間が何人もいた。自分は一人ではなかった。

今の妻は、そのときの仲間の一人。結果的に、あのときにドタキャンされてよかったと思えるようになった。

この体験でいうと、「不幸に襲われたときにこそわかる友人の大切さ」とか、「女性にとっての結婚というものの複雑さ」「童話『青い鳥』のように、本当に大事な人は身近にいた」などといった切り口で、テーマが見つけ出せそうです。

【図表 27　基本形と順番を変えた形】

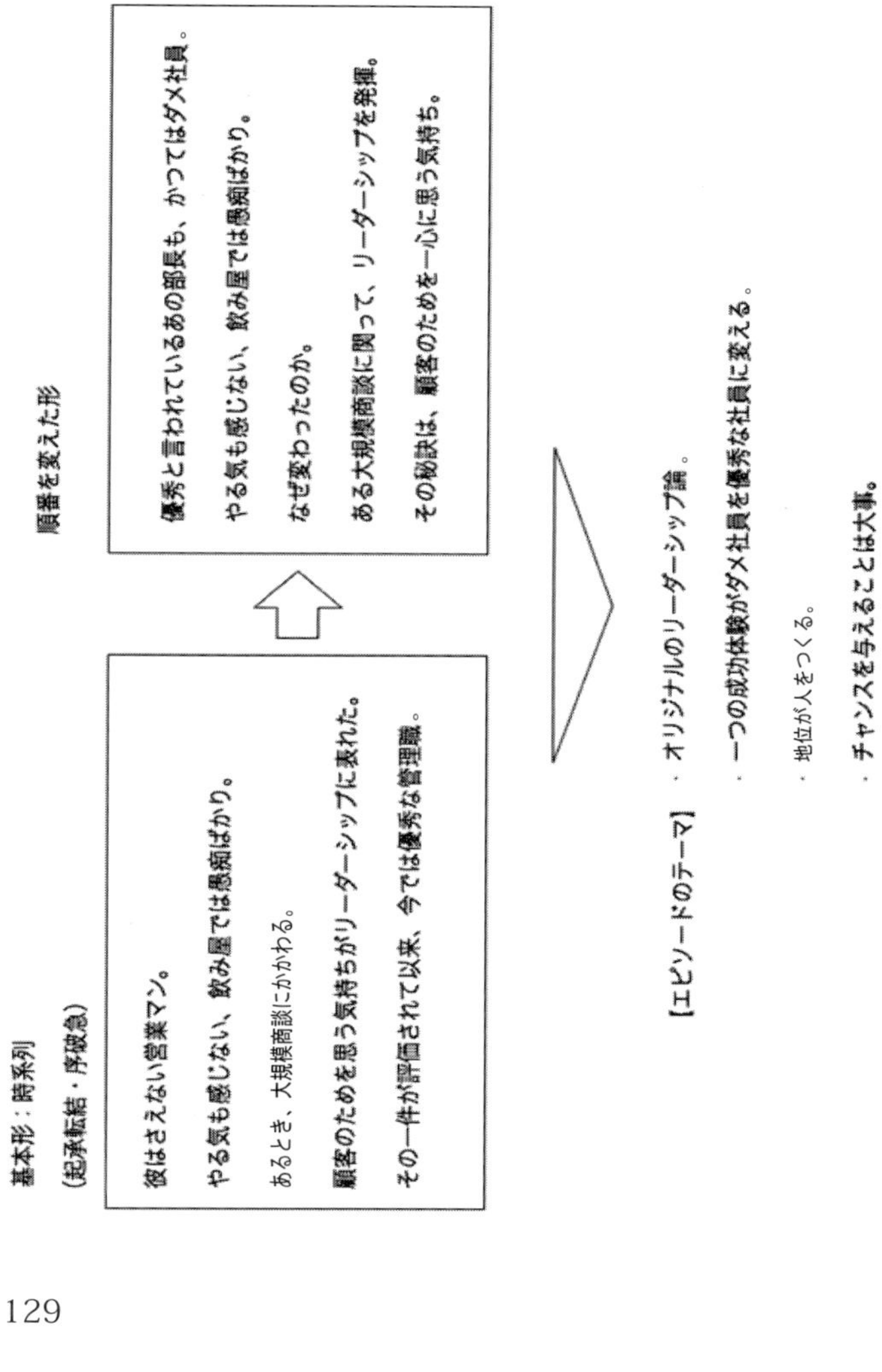
基本形：時系列
（起承転結・序破急）
彼はさえない営業マン。
やる気も感じない、飲み屋では愚痴ばかり。
あるとき、大規模商談にかかわる。
顧客のためを思う気持ちがリーダーシップに表れた。
その一件が評価されて以来、今では優秀な管理職。
順番を変えた形
優秀と言われているあの部長も、かつてはダメ社員。
やる気も感じない、飲み屋では愚痴ばかり。
なぜ変わったのか。
ある大規模商談に関って、リーダーシップを発揮。
その秘訣は、顧客のためを一心に思う気持ち。
【エピソードのテーマ】
・オリジナルのリーダーシップ論。
・一つの成功体験がダメ社員を優秀な社員に変える。
・地位が人をつくる。
・チャンスを与えることは大事。

「結論から先」にとらわれない

ビジネスの場面では、文書にしても口頭にしても、「結論を先に言う」というのが基本です。まず、「○○は、△△です」と結論を述べ、後からそれについての説明をどんどん補足していきます。

こうしないと、何が言いたいのか伝わりづらいからです。

会話の中でエピソードを人に話すときは、形にこだわる必要はありません。結論が先でもいいし、時系列、起承転結がいい場合もあります。頭の中で「自分が主役のストーリー」ができていれば、臨機応変に対応できます。

① 言いたいことから先

・日本って、すごいね（↑言いたいこと）。
・地下鉄に財布落としちゃってさ。ほとんど諦めてたんだよ。
・でも翌日、ちゃんと駅に届けられてたんだよ。しかも、現金そのままで。

② 時系列

・地下鉄に財布落としちゃってさ。ほとんど諦めてたんだよ。
・でも翌日、ちゃんと駅に届けられてたんだよ。しかも、現金そのままで。
・日本って、すごいね（↑言いたいこと）。

3　STEP3：物語を「鉄板エピソード」として加工する

相手をイメージする

STEP2で、経験を物語にすることができました。「いつ、誰が、どこで、何を、なぜ、どのように」といった基本的なことが盛り込まれています。また、クライマックスがどこか、この話を題材にして自分が言いたいことの真意は何なのかもわかっています。

あとは、この物語を、いつでも、どこでも、誰にでも話せるように、加工するだけです。

鉄板エピソードは、「いつでも、どこでも、誰にでも使える」がコンセプトですが、準備段階では、話す相手をある程度、絞っておきます。そうしないと、不特定多数に向けた話となり、カドの取れたぼやけた感じのエピソードになってしまうからです。

したがって、焦点をぼけさせないよう、相手を具体にイメージして、その人にぴったり合うように伝えることが大切です。その相手に語りかけるような話にすることで、焦点のぼやけないエピソードになります。マーケティング用語では、「ペルソナを設定する」などといいます。

たとえば、子供から大人までを対象にしたゴールデンタイムのテレビ番組より、ある程度限られた視聴者を対象にした深夜番組のほうが個性的です。その時間帯に起きてテレビを見ているのは基本的に大人であるという前提で、子供には見せたくない映像も放映されます。

（最近は減ったようですが、私が若い頃は「これ大丈夫なの？」というような番組もありました…）。

経験を語るエピソードも同じことで、相手によって切り口を変えることで、より心に響く話にすることができます。俗っぽく言えば、「パンチの効いた話」、あるいは「スパイスの効いた話」ができます。

友人・知人、会社の部下、上司、新しく知り合った人、彼女、家族、といった中からいくつか選んで、その人に語りかけるつもりで鉄板エピソードをつくりましょう。

目的をイメージする

物語ができあがったら、それがどんな場面で活用できるかを考えてみます。たとえば、次のような目的が想定できます。

・部下にやる気を出させたい、あるいは助言したい。

・失敗して萎縮した部下を立ち直らせたい。
・自分の主張に説得力をもたせたい。
・女性や後輩たちに、自分がすごい人だと思われたい。
・もっと深く付き合いたい相手がいる。
・初対面の人に、自分を印象づけたい。

目的ごとにエピソードを探す必要はありません。それではネタが尽きてしまいます。一つのエピソードで、たくさんの目的に対応する方法があります。それが「話の切り口（＝入口）です。切り口だけたくさん持っておけば、たった一つのエピソードでも、その切り口の数だけ利用場面があります。

切り口を増やして、自分の領域に導く

「切り口」とは、何を意味しているかというと、話の側面というイメージです。「話の入口」と表現してもいいです。むしろ、話の本丸にたどり着くまでの道筋ですから、入口のほうが表現として合っていそうです。

たとえば、次の図表28を見てください。図表28を見てもらうとわかるように、一つの物体が、視点によって複数の見え方をします。

これと同じように、その相手によってわかりやすい視点、（円柱でいえば、人によって円形だったり、四角形だったり）や、聞いていて心地いい視点から入って、最終的に目的にたどり着けばよいわけです。これが、第一章でもお話した、相手の関心のあるテーマで話すという方法です。

【図表28　視点によって複数の見え方】

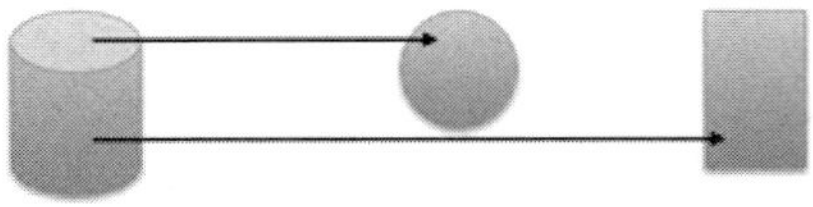

前述した「ウサギとカメ」の例であれば、こんな切り口が考えられます。

①ウサギのように、過信と油断は禁物。
②カメのように遅くても着実に進むことが大事。
③実力差があっても勝敗はわからない。

もっと具体的な例で言うと、たとえば、「病気で入院した経験」という一つのエピソードでも、次のような切り口が考えらえます。

① ストレスは万病のもと（健康・医療）。
② 徹夜続きの仕事、妻と別居や離婚話（恋愛や結婚）。
③ 人は点滴だけで一か月も生きられる（医療・人体科学）。
④ お見舞いに来てくれた同僚たち（友人・付合い）。
⑤ 空腹には慣れない（定説のアンチテーゼ＝一般的には、断食のように一定期間空腹が

【図表 29 相手の状況や関心事に応じた入口を考える】

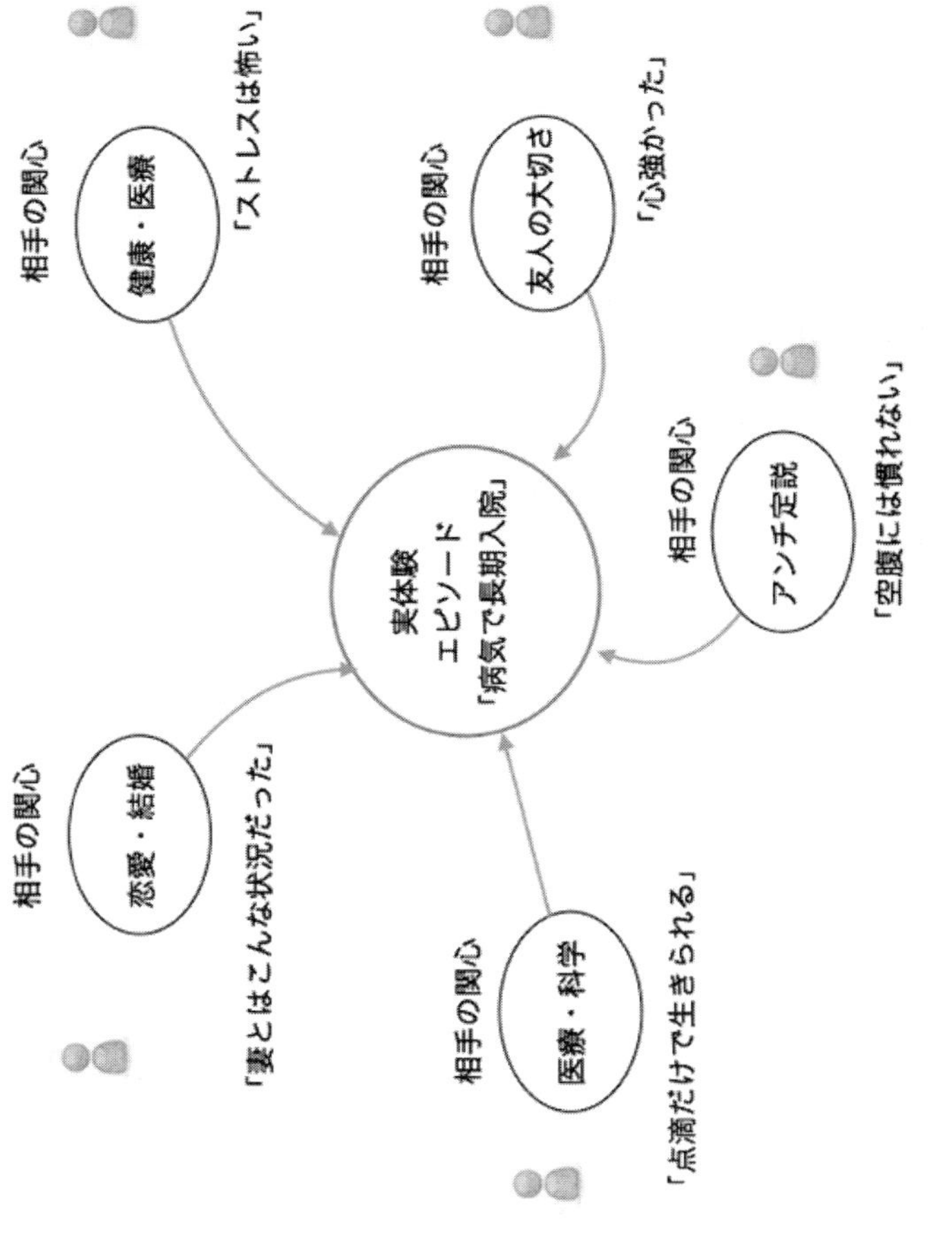

続くと体が慣れてきて空腹を感じなくなると言われている)。

そのときに話している相手の状況や関心事に応じて、入口(=切り口)を変えることができます。その複数の入口から本丸である鉄板エピソードに導いて、自分の得意な領域で話をすることができます(図表29)。

では、粗年表から、5W1H、マインドマップ、起承転結を経て、今まで考えてきた自分の物語について、いろいろな入口を考えてみましょう。

話の入口とテーマが理解できると要点が絞れます。そうすると、1分とか3分とか、その場で与えられた時間でオチをつけられる鉄板エピソードを持つことになります。

一つの事象でもたくさんの切り口がある

「群盲象を評す」という話をご存知でしょうか。

目の見えない人たちが何人か集まって、象という動物を説明しようとしています。一人は「象とは、堅くて先が尖っていて曲がっている棒のようなもの」と言いました。別の一人は、「太い柱のようなもので毛が生えている」と言いました。そのほか、「薄くて平べったいもの」「柔らかくて動く丸い管のようなもの」とそれぞれ自分が正しいと主張します。

こうして、それぞれが触れた部分だけが「象」というものだと思い込んで、やがて喧嘩を始めてしまうというお話。

本来は、仏教などの宗教的な教えとして伝えられ、「一部分だけの情報こそが正しいと信じている人たちに、正しく全体を見ることが大事で、かつ、それがいかに難しいことか」を表現しています。

これを逆に解釈してみると、象一つを説明する切り口がこんなにもたくさんあるということがわかります。

確かに、牙、足、耳、鼻などは、象の一部であって、これだけで象を説明したとは言えません。しかし、それらすべてが象を説明するための「入口」として考えれば、間違いではありません。象一つでこれだけ話題のきっかけがつくれます。

一つのエピソードでも、人それぞれが受け止めやすい「切り口」があり、話に入ってきやすい「入口」があります。それに合わせてエピソードを語っていき、最終的に自分が伝えたいことにたどり着けばいいわけです。

《参考①》物語化のちょっとしたコツ

物語化するときに参考にできる、ちょっとしたコツをご紹介します。

①　自分が主役であることを意識

自分がドラマの主人公です。自分をしっかりブランディングします。

②　価値観の変遷は興味深い

人生は、理想と現実の戦いのようなものです。経験を経ていく過程での価値観の変化は、聞いているほうもおもしろいものです。

③　当時の自分との対話

物語をつくっている過程で、「そのときの自分なら、今の自分を見て何て言うだろう」と想像してみると興味深い発見があります。

④　情景、特に色を入れる

当時をなるべくカラー写真のように思い出すと、情景がリアルに浮かんできます。

⑤　多少の脚色は自分に許す

おもしろくするための脚色は必要ありませんが、正確な事実にこだわってばかりでは先に進みません。人間ですから、記憶違いをしたり、無意識に都合のいいように記憶していることもあります。心の中の真実は、人それぞれです。

⑥　視点がぶれないように

「これは主観的なこと」、「これは客観的なこと」というふうに意識してつくると、視点がぶれません。

⑦　なりきってつくる

恥しがらずに、主役になりきってつくってください。

⑧　自分の言葉でつくる

自分が体験したことですから、自分が一番よく知っています。その思いで考えていけば、自然に自分の言葉になります。

⑨　固有名詞を入れる

可能な限り固有名詞を入れてつくります。そうすると、記憶が呼び起こされやすいし、そこから広がりやすくなります。

《参考②》取材すると思いがけない発見がある

過去の出来事を思い起こしたり物語化するフェーズで、ぜひおすすめしたいのが「取材」です。エピソードの舞台となった場所を訪れたり、登場した人物に会って話を聞いてみることです。これをすると、頭で想像するだけではわからなかった事実や側面が現れます。

子供の頃の出来事であれば、その舞台となった公園だとか、学校の校庭などです。私の場合であれば、たとえば、よく遊んだ神社。境内の裏にちょっとした砂場や遊具が置いてありました。40年以上経った今でも残っています。あるいは、公園で友達と取り合ったブランコ。なぜか左から二番目の赤い色のブランコが好きでこだわっていました。これも今でも残っています。もう色褪せてしまって、何色なのかわかりませんが…。

そして、あやしいおじさんの口車に乗ってヒヨコを買ってしまった小学校の校門。このヒヨコは、家族の協力もあり、何とニワトリになるまで育ちました。祖父が手づくりで鶏小屋までつくってくれたのです。そのほか、河原の雑木林につくった秘密基地の跡とか、インベーダーゲームが置いてあった駄菓子屋など。

思い出の舞台は、今では残っているものも少ないかもしれません。それでも、かつてあったものを思い出しながら現在の跡地を見ることも、なかなかいいものです。その場所にいるだけで、思い出がよみがえります。もし、故郷が遠くてしばらく帰っていない人であれば、それだけのためでも帰省する価値があります。

また、当時の出来事の「登場人物」に会って話すのもおもしろいものです。学校やクラブ活動で友達だった人や、先生、OB・OGなど、話してみると、意外に「自分と同じ出来事」を覚えていたりします。そして、同じ出来事を向こうは違う側面から見ていたことに気づいたりします。

何年も音信不通の人に連絡するのは勇気がいりますが、同窓会を企画してみたり、Facebook 等のSNSで見つけてみたりして、会ってみるとおもしろいものですよ。

第5章

一流の仕事をするために
《自分の今と将来に活用する》

1　楽しんで仕事ができているか

今の仕事は自分にあっているか

日本には、およそ三万種類の職業があるといわれます。それだけの数の中から、あなたは今の仕事を選んでいるわけです。

では、それだけ厳選した仕事を楽しくやれているでしょうか。あるいは、仕事に心から本気になれているでしょうか。この章では、これまでの自分の経験を深く分析して、自分自身の現在と未来のために使う方法をご紹介します。

自分の過去を振り返って分析することで、自分自身を知ることができます。自分の性格や人格は、自分が一番よく知ってそうですが、実はそうとも限りません。第3章で紹介した『ジョハリの窓』という理論のとおり、自分の知らない自分というものが存在しています。周囲から見えている自分像が、自身の考えていた自分像と異なるというケースを皆さんも経験したことがあると思います。

自分の過去を丁寧に冷静に見ていくことで、本当の自分を探すことができます。そして、自分を突き動かせるモノを見つけることができます。それがわかれば、今の仕事を充実させることもできるし、適正な転職や独立を選ぶこともできます。現役を引退した後、第二の人生に活かすこともできます。

仕事そのものに価値を置けるようになる

仕事を楽しく、そして本気でやれるかどうかは、「何のために働いているのか」、ということにかかわってきます。この職業が単に好きだからとか、人の役に立ちたい、休日の趣味のため、お客様に喜んでもらいたい、自分がやらなければという使命感、出世して自己を確立、将来の夢のための資金集めｅｔｃ。

人によって異なることですが、この「何のためか」が、自分の中で明確になっているとモチベーションにつながりやすくなります。

「仕事に楽しみを求めてはいけない。仕事というのは辛くて苦しいのが当たり前。だから金をもらえる」という意見があります。「派手に見える成功者も、見えないところでは地味で辛いことを我慢しているから高額な報酬を得られるのだ」と。

確かにそういう一面があるのはわかりますが、私の考えは少し違います。世間で一流といわれる人を見ていて、苦労に耐えただけの代償が彼らの成功だとはどうしても思えません。もしそうであるなら、過労死してしまうまで頑張った人は、大成功者でないとおかしくなります。

私は、自分史サポートを通して、あるレベルの地位を築いた方からのお話を聞き、「楽しく仕事をできる人が、その道で一流になっている」と確信しています。

ここでいっている「楽しい」とは、「楽（ラク）をする」ことではありません。苦労を避けて楽（ラク）をするのではなく、苦労をいとわないくらい仕事を楽しめるという意味です。やりたい仕事をするために避けられない「やりたくないこと」を我慢してできる人、仕事を単に生活の手段とせず仕事そのものに価値を置ける人、そこに生きがいを見出せる人、そんな人がその世界で一流といわれる人です。

楽しんでやっている人にはかなわない

どんな業界でも、仕事上の競争相手というものがいます。仕事を苦しみと感じてそれに耐えながら働いている人と、仕事を楽しみながらやっている人では、勝敗は明らかです。

これは、誰しも実感していると思います。仮に前者が能力で勝ったとしても、人生の長丁場では、気持ち（＝モチベーション）を高く保てる人は、結局その能力の差など吹き飛ばしてしまうエネルギーがあります。

法人向けコンピュータ製品の技術者をしていた人の話です。40代後半の方で、若い頃からコンピュータが好きでしたが、興味の対象はコンピュータの社会での活かされ方（使われ方）であって、技術そのものではありません。彼にとって技術部門の仕事は、決しておもしろいものではありませんでした。それでも知識は持っているので、そこそこ器用にこなし、二、三年が経った頃は主任に昇進していました。

そんな時期、技術が大好きという部下が配属されてきました。その部下は、実に楽しそうに、生き生きと仕事をします。そんな姿を見て、「この部署に居続けたら、いずれこの男に抜かれる」とつくづく感じたそうです。言うまでもなく、どんな仕事も好きなだけでは乗り切れません。しかし、好きであれば、どんな苦難も乗り切ることができます。少なくとも、乗り切ろうとするエネルギーは湧いてきます。仕事における楽しさとは、一言で言ってしまうと、この例のように「好きなことが仕事」という状態です。

「それが簡単にできれば苦労しない」と叱られそうなので、もう少し補足します。たとえば、野球が好きな人に、今の会社を退職してプロ野球選手を目指せと言っているわけではありません。その好きな理由を、もっと突き詰めて考えてみようという意味です。

なぜ、自分は野球が好きなのか、それを丁寧に分析すると、その「好き」の本質がわかります。それは、単にボールを投げたり打ったりすることとは別の、チームプレーだとか戦略性とか、瞬時の駆け引きなのかもしれません。音楽が好きという人であれば、音楽そ

【図表30「好き」の核を見つける】

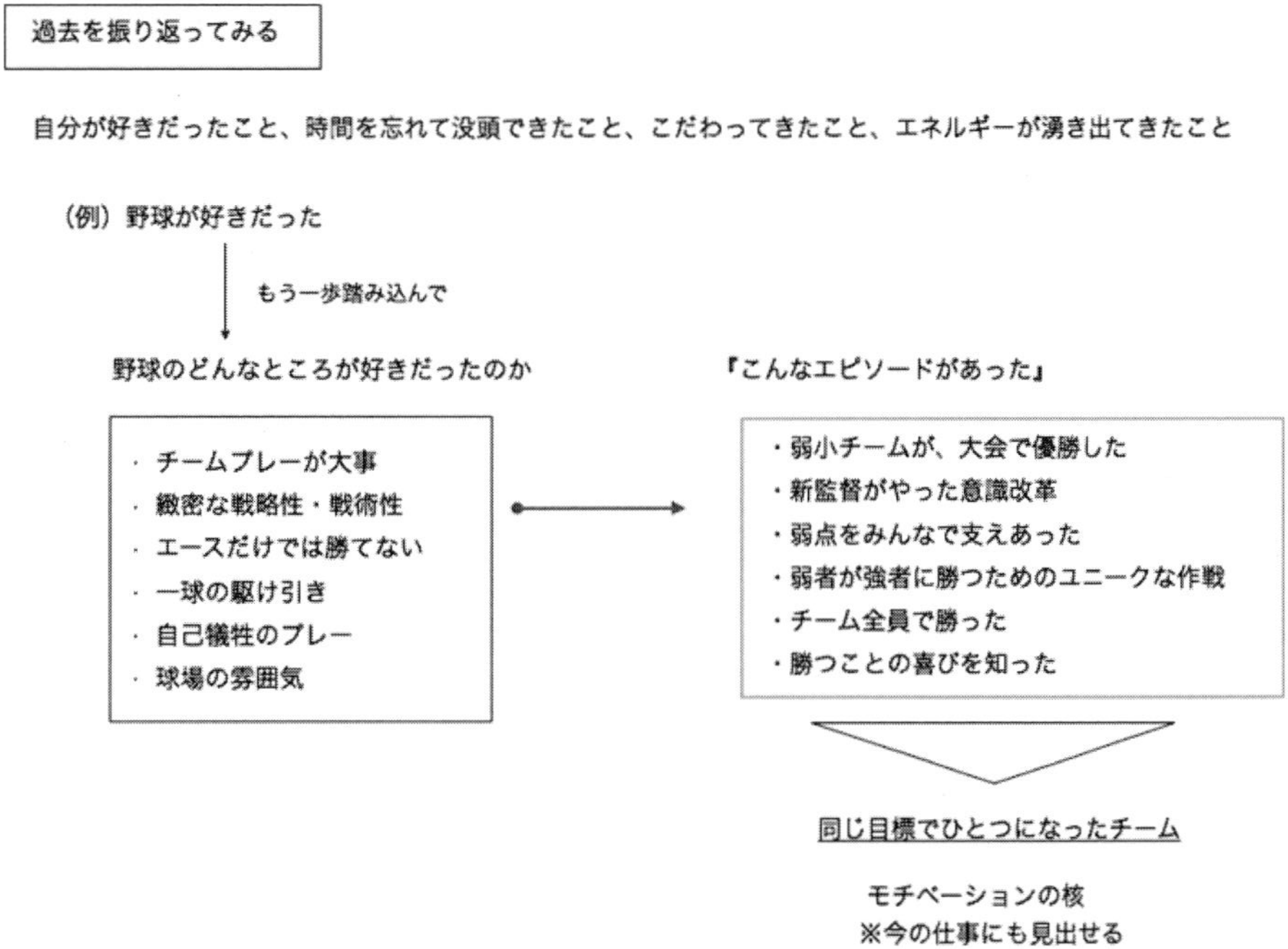
過去を振り返ってみる
自分が好きだったこと、時間を忘れて没頭できたこと、こだわってきたこと、エネルギーが湧き出てきたこと
（例）野球が好きだった
もう一歩踏み込んで
野球のどんなところが好きだったのか
・チームプレーが大事
・緻密な戦略性・戦術性
・エースだけでは勝てない
・一球の駆け引き
・自己犠牲のプレー
・球場の雰囲気
『こんなエピソードがあった』
・弱小チームが、大会で優勝した
・新監督がやった意識改革
・弱点をみんなで支えあった
・弱者が強者に勝つためのユニークな作戦
・チーム全員で勝った
・勝つことの喜びを知った
同じ目標でひとつになったチーム
モチベーションの核
※今の仕事にも見出せる

のものよりも、ライブ会場での、ステージと客席との一体感が好きなのかもしれません。
「好き」というものの核を見つければ、それを今の仕事の中に見出すことや、その要素を今の仕事に持ち込むことも可能なはずです（図表30）。

2　過去の中に自分を見つける

過去の点と点を結んで「線」で振り返る

仕事の関係で同年代以上の方と話をする機会が多いのですが、「仕事が好きかどうか」と聞くと、「胸を張って好きとは言えない」と答える人がやはり半数以上います。かといって、手を抜いているわけではありません。皆さん真剣に仕事に取り組んでいますし、仕事のことを考えて眠れない夜もきっとあるはずです。それでも、心の底からエネルギーを振り絞って仕事をできていないということです。

私も若い頃、同じ気持ちの時期がありました。同様に仕事は真剣にしているし、オフィスに泊まり込んで仕事をしたこともあります。それでも、毎日、何か視界がぼやけているような感覚がありました。

「このまま続けていくと、行き着く先はどこだろう」と考えていました。自分が頑張って実績を上げていけば、会社も利益が上がって大きくなります。自分も給料が上がって生活が安定し、昇進して自己実現もできる。頭ではわかっているのですが、どうしてもそれが自分の幸福に直結すると考えられなかったのです。このまま行き着く目的地が、自分が求めている目的地とは違っているように思えました。転職すれば解決するのかとも考えましたが、そこでも同じことを考えてしまいそうです。

その一方で、いざ「本当は何がやりたいのか」と自問すると、なかなか答えが出てきません。そこで、やってみたことが、自分の過去を振り返ることでした。

今、ここまでの自分は、過去の決断の積み重ねです。私たちは、小さなことまで含めれば、毎日のように何らかの決断を重ねています。その判断基準といえば、ほとんどの場合、過去に経験したことや価値観がもとになっています。すなわち、今の自分は、過去の自分でできていることになります。

そう考えて、これまで自分は、何に対して貴重な時間を使ってきたのか、何を大事にしてきたのか、譲れないものは何なのか、それを子供の頃から振り返ってみました。ワクワク感を持ってできること、時間が経つのを忘れてできることは何か。会社に入ってからは、どんなときに仕事をおもしろく感じたのか。そのおもしろさの本質は何か…。

自分なりに出すことができた答えは、まず、自分が夢中になれることは、「何かを企むこと、企てること」です。そして仕事で充実感を感じるときは、自分の仕事が、世の中に新しいものを創り出すとき、あるいはそれにつながっていると実感できるときでした。

前者は、これまでの人生で喜びや充実を感じたときは、たいてい何かを企てたときだったことです。少年の頃は、スポーツや喧嘩で、自分より強い相手に勝つための作戦です。自他の戦力比較、置かれた立場や心理状態も考えて立てる作戦が楽しく、それが当たったときには充実感でいっぱいでした。青年、そして大人になってからも、資格試験対策、旅の計画、友人の結婚式、パーティ企画、そんな場面で時間が経つもの忘れて夢中になったものです。

後者は、現代ネット時代の黎明期のこと。自分の扱っている製品が世の中に出て、それまでは考えれなかった新しいサービスの土台を担っている。そんなときに、仕事へのエネルギーが湧き出ていたことが思い出されました。

好きなことの本質を今やっている仕事に見い出す

それに気づいたおかげで、自分の意識を変えることができました。日々営業の仕事一つひとつに、何かの作戦を立ててみました。ミーティングや商談はもちろんのこと、小さな報告一つにも、まるで歴史小説に出てくる軍師にでもなった気分で作戦を練り込んでみました。

ちょっとした遊び感覚です。楽しいだけでなく、つくる提案書や企画書の質がどんどん

【図表31 過去を点でなく線で振り返る】

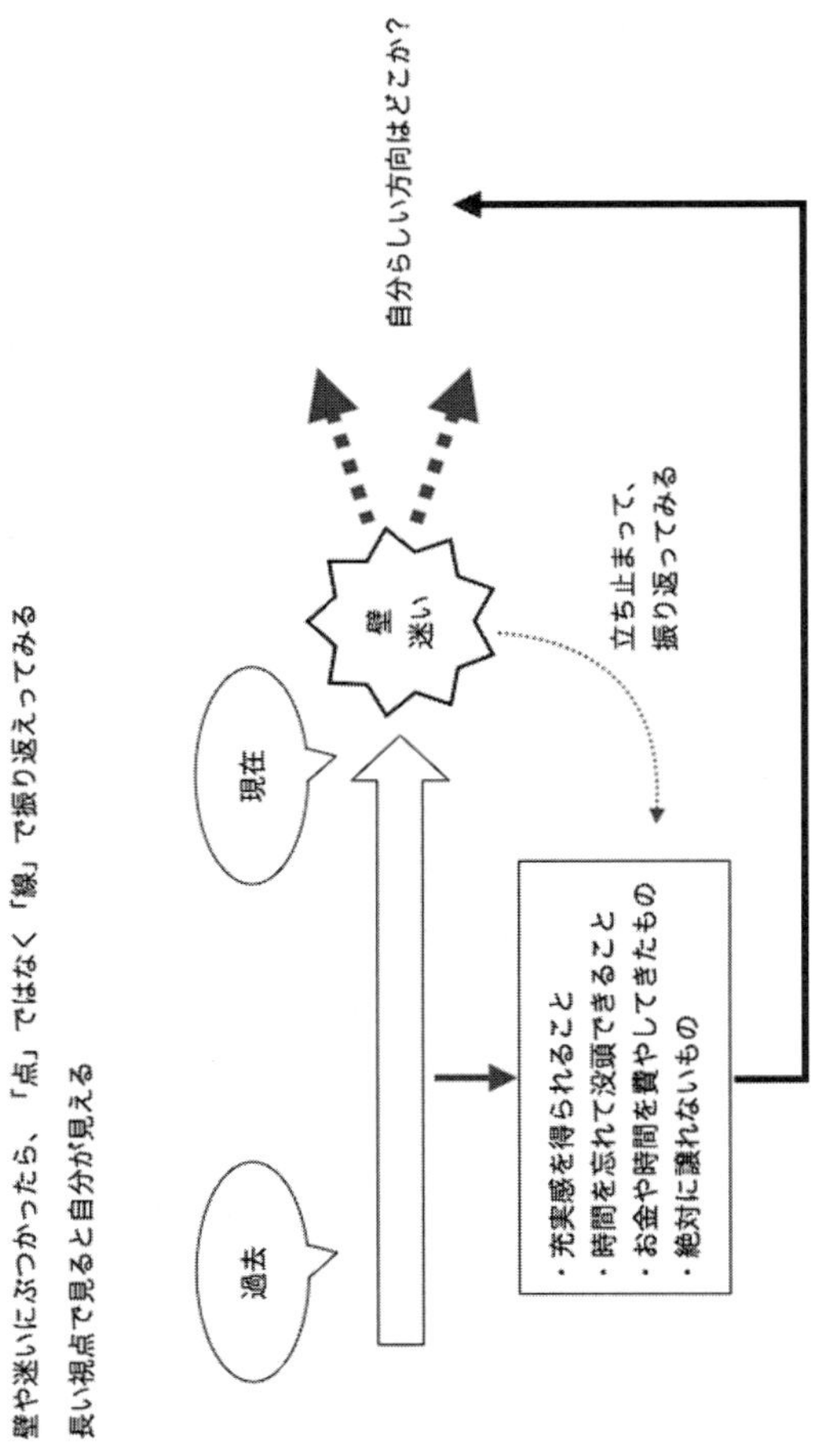

上がっていきました。顧客の置かれている環境だとか、他社の戦力分析などを真剣にできるようになったからです。

失敗したことも何度もありますが、仕事をおもしろく感じているので、怖れがなくなりました。

さらに、人生の目標のようなものも持つことができました。世の中に新しい何か（仕組みでも、サービスでも、製品でも）を創造することです。

自分史というものに関心を持ち始めたのが、この頃です（当時、「自分史」という言葉自体は知りませんでしたが）。「過去が今につながっている」―それを意識することがいかに大切か、そして自分の今を考えるときに、いかに有効であるかを知りました（図表31）。

3　個人的な人生の目的と仕事の目的の一致

皆、本当は仕事好き

お酒の席で仕事の愚痴を言う人はめずらしくありませんが、逆に考えてみると、お酒の席に持ち込むくらい、頭の中は仕事でいっぱいなのです。そういう人は、仕事が好きで真剣にやっている。だから不満も出るのです。「やる気が出ない」と嘆く人も同じで、本当は真剣にやりたいから、やる気の出ない状態にいらいらしているのです。

思いどおりにならない不満や、やる気が出てこない焦りや、不安は、思い切って仕事をしたい気持ちの表れです。それを肯定して、よくない現状の原因を取り除く努力ではなく、その隠れてしまったエネルギーを呼び起こす努力をしたほうが何倍も有意義です。

個人の目的と仕事の目的を少しでも近づける

個人的な「思いや夢」と仕事の目的が一致していれば、モチベーションは最高です。人は夢を持てれば頑張れます。

夢という言葉だとちょっと胡散臭いかもしれませんが、言い方を換えれば、個人の「生きる目的」や「存在価値」「人生のテーマ」「一番好きなこと」です。それらが会社の持っている理念や方針、日々の業務目標と一致していれば、本当の意味でやる気が出ます。

そういう仕事をしているときは、どんなにぶっ通しで働いても疲れ知らずです。経験がある人も多いと思いますが、仕事に「乗っている」という状態です。人から命令された仕事や、義務感から仕方なくやっている仕事だと、こうはいきません。義務で無理をすると、体も精神も壊してしまいます。

【図表 32 「鉄板エピソード」づくりを通じて目標の乖離を近づける】

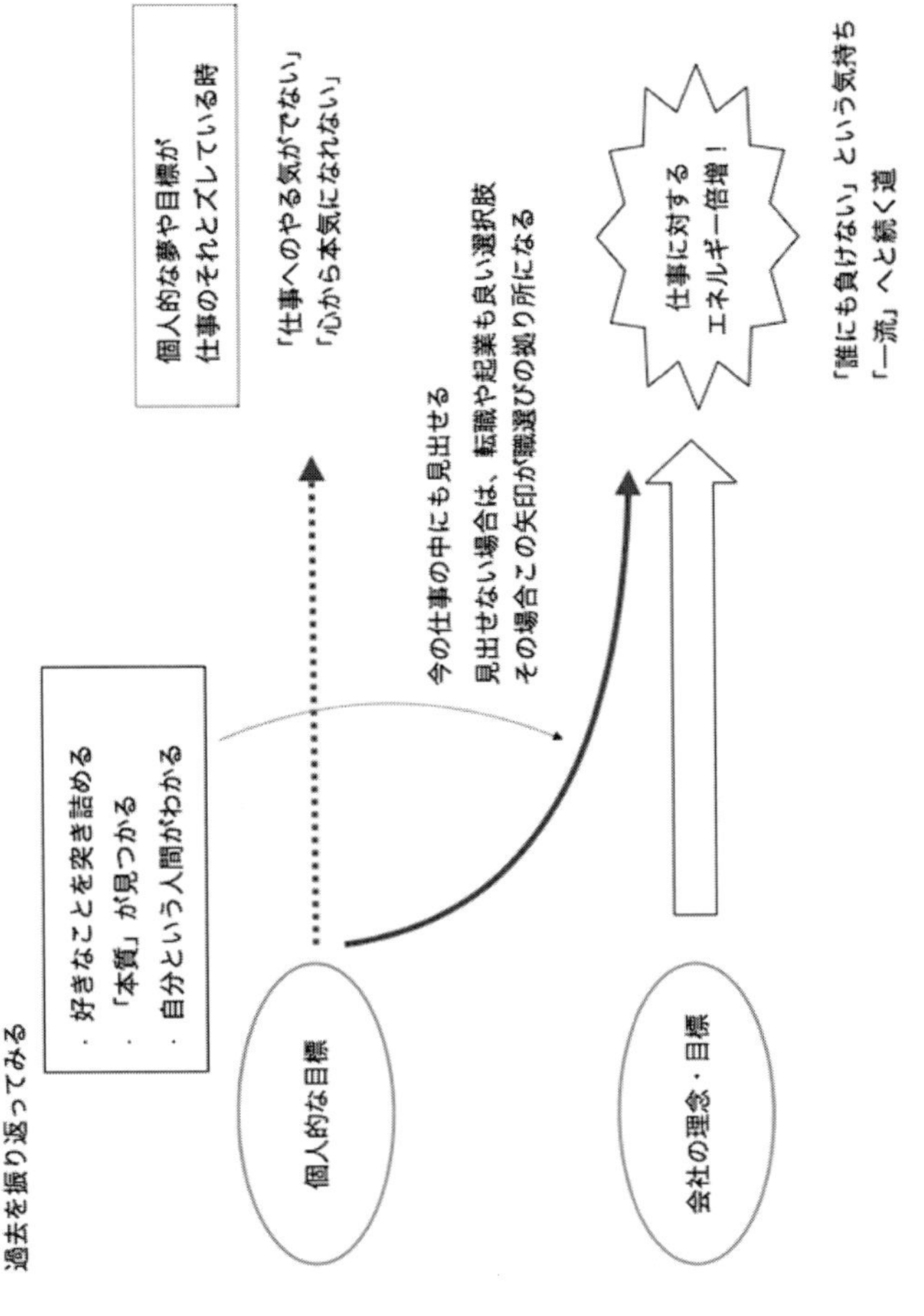

そんな「乗っている」状態のときは、エネルギーが湧き出てくるような感覚を味わうことができます。じっとしていられないくらい気持ちが高ぶることもあります。もし、自分の夢や目標が会社の目標や理念に合致したら、この状態がずっと続くことになります。

私の身近にもそんな人が何人かいます。彼や彼女たちは、独特のオーラのようなものが出ていて、周囲の人がどんどん引っ張られます。突っ走る彼や彼女たちと、それを応援しながらついてくる人がいるから、面白いように物事が好転します。

当然、結果が出ます。そうやって一流のビジネスマン、いわゆる「デキる人」と呼ばれる人間になっていきます。

そのきっかけを与えるのが、鉄板エピソードづくりです。ぜひ、自分の貴重な過去を現在、そして将来に活用してください。

何かの手段としての仕事

こんなジョークをご存知でしょうか。

メキシコのある小さな村に、一日わずかな時間だけ漁をして暮らす漁師がいます。漁を終えた漁師に、旅行者のビジネスマンが「もう今日の仕事は終わりか」と聞きます。

「食べていくにはこれで十分だ」と、漁師は答えます。

「余った時間は何をしているのか」と旅行者が重ねて聞きます。

「子供と遊んで、女房とシエスタ（昼寝）して、夜になったら友達と一杯やって、ギターを弾いて、歌をうたって、あとは寝るだけだ」

そんな漁師に、旅行者のビジネスマンは、「もっと長時間働いたらどうだろう。余った魚を売って、やがて加工する工場を建てて、うまくすれば億万長者になれるぞ」とすすめます。

それを聞いて漁師は、こう質問します。

「億万長者になったら、どうなるんだ？」

旅行者は、得意気に言います。

「そうしたら引退して、海岸近くの小さな村に住んで、日中は釣りをしたり、子供と遊んだり、奥さんとシエスタして過ごして、夜になったら友達と一杯やって、ギターを弾いて、歌をうたって過ごすんだ。どうだい。すばらしいだろう？」

「仕事とは何かの手段にすぎないのか」ということを自問しているときに読むと、なかなか奥が深いものがあります。

あとがき

「皆が自分史を残したらいいのに」─そう思った出来事が、過去に二度あります。

一回目は、本文にも書きましたが、仕事に対して本気になれなかった時期。自分の過去を振り返ってみて、「これだけ大事なものが詰まっているのだ」と実感したときです。

二回目は、２００4年12月、東南アジアを旅行中にスマトラ島沖の地震に遭遇したときでした。宿泊するはずのホテルは津波で流され、もし旅程が半日ずれていたら私も被害者の一人になっていたはずです。翌日、現場を見ました。被災地というものはこれほど悲惨なのかと、本当に衝撃的でした。このときは、「生きる・死ぬ」というレベルで様々なことを考えたときです。

このように、私のような普通の一般人であっても、自分の体験を通して、その中で真剣に考えた事柄があります。それは、きっと世の中の役に立つと思えたのです。そして、この「経験とそれによって得たもの」を、何千何万という人が世の中に残したとしたら、おもしろいことになる。そう考えたのが、自分史の「活用」に興味を持ったきっかけです。

最近は、「終活」といって、「ライフログ」「エンディングノート」を残す人が増えています。

それに伴って、自分史への関心も、今までになく高まっているようです。私のところにも、企業やＮＰＯが主宰するセミナーでの講義依頼が増えました。

本文中に何度も出てきますが、人は過去の積み重ねで、今がつくられています。言い換えれば、過去の延長が現在であり未来です。自分の生涯を振り返るということは、自分自身を理解することです。

それを形にすれば、他の誰かのためにもなります。

たとえば、「子供の頃いじめられた経験を乗り越えて、今は幸せを手に入れた」という女性のエピソードがあります。同じくいじめで苦しんでいる子供たちがそれを聞いたら、どれだけ元気づけられるでしょうか。

また、長年やってきた仕事に対する考え方や経験は、若い世代にとっては金言です。あるいは、子供や孫に、「君が生まれた時、世の中はこうだったんだよ」と、自分の言葉で残してあげることもできます。これは、ネットにもテレビにもできない温かみを感じることができます。

自分史の制作は、終活やエンディングノートのように、人生の晩年に限ったものではありません。むしろ、もっと早い時期に自分を振り返り、現在と、その後の人生に役立てられるものです。

さらに、周囲とのコミュニケーションツールや自己のブランディングツールとしての効力も持っています。その活用方法の一つとして、本書では「鉄板エピソード」という形で紹介してきました。

自分が過去に積み上げてきた貴重な体験、それをツールにして、今と将来の自分に活かす―本書がその一助となれば幸いです。

平成27年1月

遠藤　裕行

《参考文献》

・「失敗しない自分史づくり98のコツ」前田義寛・前田浩・野見山肇 著（創英社）
・「齋藤式　自分史の書き方」齋藤孝著（どりむ社）
・「自分史の書き方」立花隆著（講談社）
・「人生は一冊のノートにまとめなさい」奥野宣之著（ダイヤモンド社）
・「[図解]［話す力］［聞く力］が身につくノート」高嶌幸広著（ＰＨＰ研究所）
・「あたりまえだけどなかなかできない 雑談のルール」松橋良紀著（明日香出版社）
・「フリーター世代の自分探し」河村茂雄著（誠信書房）
・「ビジョン・マッピング」吉田典生著（ＰＨＰ研究所）
・「人生がラクになる７つの方法」メンタリスト DaiGo 著（講談社）
・「一瞬で心をつかむ77の文章テクニック」高橋フミアキ著（高橋書店）
・「自分史活用アドバイザー認定講座テキスト」一般社団法人自分史活用推進協議会編著
・Wikipedia（アルベルト・アインシュタイン、ジョージ・バーナード・ショー、マルセル・パニョル　群盲象を評す）

著者略歴

遠藤　裕行（えんどう　ひろゆき）

自分史活用アドバイザー（一般社団法人自分史活用推進協議会認定）。

1968年、埼玉県生まれ。1991年、日本大学経済学部卒業。1991年から会社員として電気メーカーの関連会社に勤務。その後システムインテグレーターや外資系企業で営業職や企画販促を務め、2012年に独立。現在はビュークリエイト株式会社 代表取締役。

会社員時代の様々な職場環境での経験に加え、私生活における旅先での震災、大病で長期入院といった経験や、取材した人たちの体験談などを活かし、一般の人たちの自分史制作のサポートを行っている。個別の制作アドバイスのほか、民間企業やNPOが主宰する自分史講座や終活セミナーなどの講師としても活動中。

『「普通」と呼ばれる人にも必ず貴重な物語があり、それを活用すれば今後の人生をよりよいものにできる』というコンセプトのもと、自分史をつくること以上に、活用することに重きを置いてアドバイザー活動を展開。

「鉄板エピソード」で相手の心をつかむ
―自分史を活用してデキる男になれ！

2015年2月20日発行

著　者　遠藤　裕行　©Hiroyuki Endo
発行人　森　　忠順
発行所　株式会社 セルバ出版
〒113-0034
東京都文京区湯島1丁目12番6号 高関ビル5B
☎03（5812）1178　FAX 03（5812）1188
http://www.seluba.co.jp/
発　売　株式会社 創英社／三省堂書店
〒101-0051
東京都千代田区神田神保町1丁目1番地
☎03（3291）2295　FAX 03（3292）7687

印刷・製本　モリモト印刷株式会社

ISBN978-4-86367-192-8